1ヵ月で人生を変える
31の教え

求めない幸せ

Kawamura
Myokei

川村妙慶

中央公論新社

はじめに

物に振り回されない、「柱」のある生き方

２０１６年４月、熊本で震度７強の大地震が起こりました。

その直後、私の元に一通のメールがきました。「妙慶《みょうけい》さん。私は今、地震で倒壊した瓦礫《がれき》の中にいます。もしかしたら私は死ぬのかもしれません。こんなことなら、もっと人に優しくしておけばよかった。親にも、友達にも。妙慶さんには、ひどいことを言ってごめんなさい」と。

人間というのは窮地に立たされた時、何を思うのでしょう。

彼女は私のブログの読者です。「恵まれていない」「親は何もしてくれない」「妙慶さんの返事が遅い」とメールで不満をぶちまけていました。しかし、「死」に直面した時、

はじめて「私は求めてばかりで、相手に何もしてあげなかった」と思ったのでしょうか。2日後、瓦礫の中から無事救助された彼女は、「この命をいっぱい、大切にして生きていきます。これからは優しい言葉をかけていきます」と返事をくださいました。

生きていく中で大切なことはいったい何でしょうか。

家や会社の周辺を見渡してください。物があふれている方もいるでしょう。そういう方は、どれも捨てられないから、物があふれているのだと思います。しかし、本当にその物があなたの人生にとって大切であり、必要な物でしょうか。

持ちすぎれば、人間の心は貧しくなります。持っても持っても、さらにもっとと求めてしまうからです。求める気持ちが強くなり、心が満たされず、怒ったり、イライラしてしまう……。この「心が満たされない」というのは、本当の生き方がわかっていないということでもあります。

実は、人生に必要なものは、あなたが必要だと思っているもののうちごくわずかなものです。あなたを豊かにしてくれると思っているものは、幻として消えていくものばかりで、あなたの人生を支えてはくれません。

そうであるならば、「持ちすぎた生活」ではなく、「持たない生活」をしてみませんか。「持たない生活」をすることで、あなたの心は豊かになっていきます。「持たない生活」は、二つのことを私たちに教えてくれます。一つ目は、これまでの「持ちすぎた生活」を見直すことが、自分自身の生き方を見直すことにつながるということ。二つ目は、持っていなくても、充実した人生を送れるということです。

そして、「持たない生活」をするためには、物に振り回されない「柱」がある生き方をしなくてはいけません。

あなたを支えてくれる「柱」は、「物《ぶつ》」ではなく「仏《ぶつ》」の智慧《ちえ》です。「仏の智慧」は「人間の知恵」とは違います。

「人間の知恵」は、人が学び、覚え、理解することです。知識、教養、学問の世界ですね。生きるうえで大切ですが、知恵だけを頼りに生きると、肩書きや権力を望み、傲慢《ごうまん》になっていきます。

「仏の智慧」は、仏さまの教えをいただくということです。知識として仏教を学ぶのではなく、教えに照らされ、本当の自分の姿に気がつかせていただくということです。仏さまの智慧に遇《あ》えば遇うほど、自分の愚かさ、恥ずかしさに気づかされ、頭が下がる思いになり謙虚に生きていくことができます。

仏さまの教えを表したものが、「お経」です。

善導大師《ぜんどうだいし》という僧は、『観経疏《かんぎょうしょ》』という著作で、「経教《きょう》はこれを喩《たと》うるに鏡のごとし」とおっしゃいました。

私たちには「優しく美しい顔」もありますが、自分では気がつかない「怖い顔」も持っています。その表情は自分では気がつきません。それは、お経という鏡に映し出され、光に照らされることでようやく気がつかせていただけるのです。

私たちの心も、阿弥陀《あみだ》さまの慈愛《じあい》の光に照らされて、はじめて間違った解釈をしていることを教えられるのです。

さらに善導大師は、「経《きょう》というは経《けい》なり」とおっしゃいました。「経《けい》」とは「縦糸《たていと》」のことです。「経」は、人生における縦糸であるとおっしゃったのです。織物は、縦糸と横糸から成りますね。まず、縦糸がしっかり正しく張ってあって、そこに横糸を通していきます。織物の表面に表れるのは横糸でデザインされた模様部分でしかありませんが、その奥に縦糸があるからこそ、織物は彩り鮮やかに出来上がるのです。

私たちの人生にも、「教え」という縦糸が張られ、それに支えられてこそ、日々の生活という横糸を通し楽しむことができるのです。しっかりとした「柱」をいただかないとヨレヨレの布地になってしまいます。

仏法は、知識・教養・学問の世界ではありません。今まで見えなかったこと、気づかなかったことを仏さまの智慧によって、気づかされ、目覚めていくのです。どれほど生きにくい娑婆《しゃば》であっても、すべてに頭が下がり謙虚に生きていくことで、仲間ができ、人と助け合い、心豊かに生きることができるのです。

ここで私の大好きな八木重吉《やぎじゅうきち》さんの詩をご紹介して、「はじめに」を締めようと思います。

雨

窓をあけて雨をみていると
なんにも要《い》らないから

こうしておだやかなきもちでいたいとおもう

（「青空文庫」より）

小さな雨の一滴が、八木さんの目に映ると透明であかるい。ありきたりのことなのに、輝きを見つける素晴らしい詩です。きっと八木さんもさまざまな苦労の中で欲望に惑わされ、自分を見失いそうになりながらも最後は「なんにも要らない」のひと言に気持ちを込められたのではないでしょうか。

物を持ちすぎれば、本当に大切なことが埋もれていることに気がつきません。どうか本書で、持たない、求めない生活を送り、堂々と生きていける人生が見つかりますように。

目次

第2章　〈上手な捨て方〉苦労は捨てず、宝物に　55

第3章　〈持たないコツ〉買わない、使い切る、手放す　89

第4章 求めない、期待しない、心に尋ねる〈軽やかな人間関係の基本〉

第5章 〈持たない生き方のヒント〉「今」をシンプルに生きる 171

求めない幸せ

1ヵ月で人生を変える31の教え

第1章　〈抱え込んだ心〉足さないことで満たされる

❶求めない――「受け入れる心」とは？

なにも足さない。なにも引かない

私たちはいつも幸せを求めています。

しかし、人間には煩悩《ぼんのう》（身と心を惑わす欲望や怒りの心）がありますから、幸せの中身を考えようとせずに、自分の欲望ばかりを満たそうとします。

自分の欲望ばかりを満たすことは、ぶくぶくと肥満するようなものです。

気がついた時には栄養過多になり、コレステロールも一気に上がり、体重増加で足腰も痛んできます。そして、最後に「食べすぎた」とぼやくのです。

すると、今度は、「やせたい」と求める心が生まれるのです。努力せずにやせるにはどうしたらいいのか？　書店に行くと、ありとあらゆるダイエット本で埋め尽くされています。

人間の生き方もそうです。欲しいものが何なのかもわからないのに、手に入れることだけを考えてしまう。

しかし、真に満たされるということがわからないから、最後まで満足できないのです。まず吟味《ぎんみ》しなくてはなりません。

さて、私たちが求める幸せは「富」「健康」「円満な人間関係」の三拍子でしょう。

しかし、お釈迦《しゃか》さまはこれらの三つは、苦しみの元とおっしゃいました。なぜなら「生《しょう》・老《ろう》・病《びょう》・死《し》」という切実な事実があるからです。どれだけお金を持っていても、人間はいつか死んでしまいます。また、どれだけ健康を願っても、誰もが老いていきます。病気にもなります。

お経の中には、人間が物に振り回されがちであることが書かれています。

欲心《よくしん》のために走り使はれて、安き時あることなし。

田あれば田に憂《うれ》へ、宅あれば宅に憂ふ。
田なければ、また憂へて田あらんことを欲《おも》ふ。
宅なければまた憂へて宅あらんことを欲ふ。
たまたま一つあればまた一つ少《か》け、これあればこれを少く。
斉《さい》等にあらんと思ふ。

『仏説無量寿経《ぶっせつむりょうじゅきょう》』

「お金があれば幸せなのに！」と財を求めます。財を持てば、今度はそれを減らさないように必死になります。

「持ち家が欲しい」と思い、建てた後には、もっと交通の便利な家に住みたいと、また新たな欲望が生まれます。

家を建てたことで、隣人との問題で衝突することもあるでしょう。近所付き合いの煩《わずら》わしさも感じるもの。一つの願いがかなっても、他の苦しみがまた湧き起こってくるのです。

私たちは何か問題があって苦しむのではなく、自らが問題をつくり出し、苦しんでいるのだとお釈迦さまはおっしゃいました。
煩悩という欲や怒りの心、苦しみの種を自らがつくり出していることに、なかなか気づくことができないのです。

ある日、酒屋から見えたウイスキーのポスターのキャッチコピーに目が留まりました。

「なにも足さない。なにも引かない。」

つまり、余分なものを加えたり、薄めたりしていない、素材そのものだけで作っているというのがこのウイスキーの味なのです。
私たちはいつも「もっと、もっと」と足すことばかり考えていないでしょうか。もっと若く美しく見えるようにと化粧を厚くし、自分に自信がないからとブランドのバッグや服を身につける。同窓会ではみんなに馬鹿にされたくないと、全身に宝石をつける。
「もっともっと」と満足しない心は、まさに自分自身で苦しみを生み出しているということです。

私たちは、そのことに気がついていないのです。

求める心ではなく、今あることを「受け入れる心」を持つことです。今与えられたことを受け止めながら生きていくのです。そうすれば小さな花が咲きますよ。

❷人の評価を気にしない――丸裸になることで心は解放される

なぜ比べてしまうのか？

人の価値はどこで決まるのでしょうか。

「あの人に比べて私は良くない」

「同期のあの人は昇格したのに、私は何もできない」

こうしたことを思ったことはありませんか？

私たちはいつも、相手に「負けたくない」「認められたい」という気持ちで、日々がんばっています。なぜなら他の人と比べられて生きているからです。だから私たちは他の人からの評価が気になるのです。

なぜ人は、比べたり、比べられたりするのでしょうか？

実は、比べる人も比べられる人も、根本は一緒です。それは「おそれ」からきているのです。

仏教では、人間の目に見えないものに対して常に五つの怖畏《ふい》（おそれ）を持って生きていると教えます。

①不活畏《ふかつい》
食べていけなくなるのではないかといった生活の不安、特に衣食住に対するおそれのことです。

私たちは生活の不安から離れることはできません。どれだけがんばりたくても、衣食住が得られないと何もできません。

②悪名畏《あくみょうい》
周囲から悪く思われないか、悪口を言われているのではないかと思い、絶えず周りの評価を気にしてしまうおそれのことです。

このおそれを裏返すと「他人に気に入られたい、よく思われたい」という心があることがわかります。

③大衆《たいしゅう》威徳畏《いとくい》

大勢の人に威圧されるおそれです。世間が自分に対して何を思っているのかと心配になり、世間体を気にしてしまうことです。

④命終畏《みょうしゅうい》

死んだらどうなるのか、もっとこんなことをすれば良かったと死に際に思う不安（おそれ）のことです。

⑤悪趣畏《あくしゅい》

悪趣とは三悪趣（地獄・餓鬼《がき》・畜生《ちくしょう》）といわれるような苦しみの世界のことです。そういう世界に陥《おちい》るのではないかというおそれのことをいいます。

丸裸にされることで安心する

取り上げたいのは、二つ目の悪名畏です。

私が大谷《おおたに》専修学院（東本願寺経営）で学んでいた時のことです。いつも皆と仲良くしている姿を見た師が、私に聞いてこられました。

「川村！　自分をそんなに明るく見せなければならないほど過去が暗いのか？」

私は質問の意味がよくわかりませんでした。沈黙している私に師は言います。

「人間というのは一枚の紙なんだ。表もあれば裏もある。この表裏があって人間なんだ。川村が明るく振る舞えば振る舞うほど、過去の暗さを隠そうとしている『裏』を見てしまう。

この学院に来たのは、川村が抱えている裏の問題をしっかり見ていくことなんだ。辛いかもしれないが、阿弥陀さまにその暗闇《くらやみ》をしっかり照らしてもらえ」

「阿弥陀さまに照らしてもらう？」

そのことが、私の生活の問いとなりました。

私は「皆にいい人と思われたい」と思っていました。

異性に対しても同じです。

交際を申し込まれた時も断ることに勇気がいりました。相手に悪いという気持ちが芽生えるのです。

すべての人の前で「いい子でいたい」ということだったのでしょう。

それが苦しみの原因をつくることになるとは思いもしませんでした。

卒業も間近のある日、学院祭がありました。その日だけはお酒が許され、皆で討論していました。

するとある学院生から、

「川村さんのこと嫌いだな」

と言われました。

私は頭を打たれたようで、居たたまれなくなりました。周りは「酔っているから気にしなくてもいいよ」とフォローしてくれますが、面と向かって言われた言葉に耐えられませんでした。

「酔っ払いと子どもは本当のことを言う」という言葉を聞いたことがあります。しかし、このまま引き下がれるわけがありません。

「私のどういうところが嫌いなのですか？」

と聞くと、

「楽しそうな面だけを見せる川村さんに人間味を感じない。本当の自分を見せようとしない川村さんが嫌いなんだ」

と言われてしまいました。

しかし、そんな私にも、人に真の自分を見せることができた時がありました。

私は41歳でご縁をいただき、結婚しました。

披露宴では皆にマイクを渡し、好きにスピーチしていただきました。友人たちは「妙慶さんは素晴らしい方です」と評価をしてくださいます。「そこまで気を使わないで！」とは思いましたが、うれしいものです。

そんな中、先輩僧侶のひと言で会場がシーンと静まり返りました。

「先ほどから妙慶さんをベタ褒めしていますが、僕はそうは思いません。妙慶さんは雑なところがあるし、計画性もないし、人生を甘く見ています」

その時、私の気持ちはすごく楽になったのです。「うん、うん」と自然と明るくうなずく自分がいました。夫に対しても「これが私なんだ」とマイナスの部分を見せることができたのです。

阿弥陀さまは「異種・異相に生きる」ということを教えてくださいました。一人一人が違う種を持っている。それぞれが違う人間なのです。

それぞれ姿、形が違うように、考えも違う。

するとよく言う人もあれば、必ず悪く言う人もいるものです。万人が万人、よく言うということは絶対にないのです。

タレントさんの人気ランキングで、「好きなタレント」と「嫌いなタレント」で同じ人がランクインしているケースがあります。

やはり一人一人の感覚は違うのですね。

すべての人に評価されることはまずないということを知ると、とても楽になります。

❸自然に返る――ネット依存から脱出する方法

つながり依存がストレスを生む

私のところには1日約80通、多い時には１００通近くの相談メールが寄せられます。悩み相談が主で、中には「ワンちゃんの具合が悪くて」「病気のことで相談します」と専門外のこともできます（笑）。

心療内科医から「私自身、悩みがあって辛いのです」と訴えのメールがきたこともあります。

どんな人にも悩みは必ずついてくるのですね。

ある時、こんな質問をされました。

「妙慶さん自身が悩みを聞きすぎて鬱《うつ》になることはないですか？」

もちろん、私も生身《なまみ》の人間ですから、毎日パソコンに向かってばかりだと、ストレスがたまります。

それに私自身も健康でないと、人からの悩みを受け止めることはできません。ですから、自分でも「今日は調子が悪いな」と思う時は、意識的にパソコンから離れ、気分転換をしています。しかし、それができずに悩む方がいかに多いことか。ネットに接していないと不安なのでしょう。

このことを「つながり依存」とも言うそうです。本来ならつながるのはうれしいことですから心の安心をもたらすはずですが、そうではないのです。

なぜ人はネットに依存してしまうのか？

「絆《きずな》」という言葉には、温かくつながっているといったイメージがあります。しかし、辞書では「馬・犬・鷹《たか》など、動物をつなぎとめる綱」と書かれています。

つまり「つながりたい」という思いが、縛りとなり、本来の自由が持てなくなるというのです。

せっかくの関係が相手の自由を奪っては本末転倒ですね。

世の中が便利になって
一番困っているのが
実は人間なんです

浅田正作《しょうさく》『骨道を行く』法蔵館

生きる苦悩に陥っている時に、仏の教えに出遇い、仏の教えに生きた詩人である浅田先生の言葉です。

今、世の中は便利になりました。ネットで買い物もできますし、ネットで男女が出会うこともできます。

今まで一生懸命に時間をかけて探していたものを、瞬時に見つけ、手に入れることもできるのです。

うまく利用すれば便利であるはずの道具。でも、その道具に執着し、依存してしまっている。

結局、ネットに頼りすぎるあまり、自分で考えることができなくなり、情報だけに振り回され、疲れ果てて、最後は自分を追い詰めてしまっているのです。

人は「自分の存在」を知ってもらいたい生き物です。そして自分の居場所を探し求める生き物なのです。

誰かに支えられ、認められて生きていきたい。ネットで誰かとつながることで、自分の存在を確かめたいのです。

辛くなったら自然の中へ

私は親鸞聖人《しんらんしょうにん》（浄土真宗の開祖・鎌倉初期の僧）の教えをいただくために、大谷専修学院へ入学しました。

当時、この学校では携帯電話、パソコン、テレビが禁止でした。

学生からは当然、「時代遅れになってしまう」と反発が起きました。すると師は「人と向き合ってほしいからなんや」とおっしゃいました。

「人間関係を築く中で、お願いする時も、謝る時もある。その時はやはり、顔を見て話ができる関係になってほしい。

ネットや電話は気楽につながるが、顔が見えないぶん、相手の気持ちがわかりにくい。自分の思いだけをネットに書き込み、反論できない状態にすることは怖いことだ。また反対に、答えにくいことまで答えさせられ、追い詰められていくこともある。

テレビがあると便利だが、情報に流され、著名人の意見だけに左右され、自分で考えることができなくなる。人の目をしっかり見て、頭の下げられる人になってほしい」

師はそうおっしゃったのです。

電子文書は、相手にきつく伝わってしまうこともあります。相手の顔が見えないぶん、文意が過剰になってしまうのです。

とはいえ、今さら昔の生活には戻れません。私たちは、一度その便利さを経験すると「元に戻れない」のです。でも、その中で便利さに依存し、道具に使われると、心の平穏が失われてしまいます。

人間も自然の摂理《せつり》の中で生きています。

心が重く、辛くなった時は、ゆったりと深呼吸をしながら、空と大地に包まれていることを知りましょう。

私もパソコンに向かう前に、「パソコンを使う時間は○時まで」と決めます。それを過ぎたら、あとは京都の鴨川《かもがわ》沿いを歩いたり、御所《ごしょ》を散歩しながら、街中の風景を楽しむことにしています。

あなたも自然に返りましょう。

❹「いい人」をやめる――人は自己中心の生き方しかできない

「いい人」を演じてしまう自分

私は20、30代のころ、人前でおしゃべりをする仕事をしていました。テレビ、ラジオの仕事、司会、ナレーション。与えられた仕事は何でもさせていただきました。

人前では「良い顔」をするというのが、この業界の鉄則《てっそく》です。

しかし、私も煩悩を抱えた一人の人間です。落ち込んだ時、人前で笑うことがどれほど苦しいことなのか、その辛さも味わってきました。

これはどんな立場の方であれ、経験のあることだと思います。

私たちは当たり障《さわ》りのない外見、振る舞いをしなければならないという義務感のようなものを持っています。それが大人なのだと教えられてきました。

しかし、人間は一人一人違います。感性も違うし、価値観は千差万別《せんさばんべつ》です。表面では笑って良い人を演じていても、心の中では「この人は苦手だな」と思ってしまうのも人間なのです。

基準は常に自分にあるのです。

自分勝手な物差しで人をはかり、枠にはめ、その結果、この人は自分にとって「善い人」「悪い人」が決まるのです。

なぜ自分の中で善悪をつけてしまうのでしょうか？

それは自分の身を守るためです。少しでも自分にとって受け入れられない言葉、態度を示されると、私たちは心のバリアを強くし、ある時には反発し、攻撃をしようとしてしまうのです。

ある時には、とんでもないことを心の中で思い、その思いを口から発し、人を傷つけるようなことをしてしまうのが、私たち人間なのです。

悪性《あくしょう》さらにやめがたし
こころは蛇蝎《じゃかつ》のごとくなり
修善《しゅうぜん》も雑毒《ぞうどく》なるゆえに
虚仮《こけ》の行とぞなづけたる

『正像末和讃《しょうぞうまつわさん》』「愚禿悲歎述懐《ぐとくひたんじっかい》」

これは親鸞聖人が85歳の時に書かれた和讃です。

親鸞聖人は「人間は自分の都合で喜び、自分の都合が悪くなると人を憎むという本性を持つ。これはなかなか変わるものではない。それはあたかも蛇《へび》や蠍《さそり》のようなもの。煩悩の毒が混じっている私たちがどんなに善い行いをしても、それはいつわりの行いというものである」とおっしゃったのです。

「がんばっていい人になっても煩悩があるから無駄なのか」と理解されるかもしれません。そうではないのです。

いい人を演じるのは、他人に偽りの自分を見せているということなのです。

「最後までいい人にはなれない自分を、しっかり見つめてほしい」と親鸞聖人はおっしゃったのです。そのくらい親鸞聖人はご自身の心を徹底的に見つめた方なのです。

「真面目」の落とし穴

しかし、「見つめる」ということは、一歩間違うととんでもない方向に行ってしまう危険性があるのです。

真面目さには大きな落とし穴があることをご存じでしょうか。

私たちは、「真面目にさえ生きていたら報われる」と信じています。

しかし、日々のニュースでは、「真面目な仕事をして、真面目な生活をしていた人がなぜ、こういう悲惨な事件を起こしたのでしょうか？」というコメントが流れます。

「真面目なのになぜ？」ではなく、むしろ真面目に一生懸命に生きれば生きるほど、大切なものを見落としてしまうのです。そのことをまずは知ってください。

たとえば、「子どもに勉強ばかり強要した結果、親子の会話がなくなり、自分の知らないところで売春していた」という親御さんから相談を受けたことがあります。子どもの心の闇に気がつかなかったのです。

好きな人に一生懸命尽くしたのですが、それが相手の重荷になり、ふられたという人もいます。

仕事一途で生きてきて、退職した途端に時間の使い方がわからないと嘆く方からもメールをいただきます。

一つのことに一生懸命になりすぎると、大切なことを見失いがちになります。もっと余裕を持って視野を広げることが必要なのです。

「真剣な面構え」と書いて真面目。一生懸命にそのことをすればするほど、一方にしか顔は向かないのです。では、どうしたら自分らしく、心豊かに生きることができるのでしょうか？

まずは自分自身を知る

『大無量寿経《だいむりょうじゅきょう》』に「汝自当知《にょじとうち》」という言葉があります。「あなたはあなた自身を知りなさいよ」という意味です。

私たちは人のことはよく見えます。しかし、自分のことになると、本当の自分を見ることはできません。わからないのです。

仏法を聞くということは、自分自身を知ることです。もっといえば、自分自身に気づかされるということです。善導大師は、

経教《きょう》はこれを喩《たと》うるに鏡のごとし　『観経疏』

と言っておられます。教えとは鏡のようなもので、自分を知ることができるということです。

「苦しくても泣いてはダメ！　笑って生きよう」とおっしゃる方がいます。励ましの言

葉に聞こえますが、今の自分を理解することもなく、押し殺して無理して生きようと言われているみたいです。

笑ってごまかすのではなく、「悲しいという事実」をしっかり見ていこう。

どれだけ苦しんでも、逃げたくても、時間をかけながら、自分の明るいところと暗いところ、できることとできないこと、その両方を知っていこうというのが「汝自当知」なのです。

こんな自分と同じ悲しみ、同じ苦しみを受け止めている世界がある。それに気づき、「一人でなかった」と苦しみが喜びに変わった時、人間は真の笑顔で生きることができるのです。

たとえ一人でも心は満たされる

仏を信ずれば独りでも賑やか。

多くの人の中にいても静か。

真宗大谷派僧侶の曽我量深《そがりょうじん》先生の言葉です。

普通なら一人でいると寂しいですよね。しかし曽我先生はそうではないとおっしゃるのです。

仏を念ずると、たとえ一人でいても賑やかだと。仏さまは、「あなたは一人ではない。私はいつもあなたのそばにいるよ」とおっしゃいます。

それが感じられると、たとえ一人でいても、心の中は満たされ賑やかになれるというのです。

「多くの人の中にいても静か」。普通は、大勢いるとやかましいですよね。いろんな人の意見を聞いて腹が立つこともあるし、主張してくる人の言葉に流されることもあります。

そんな時、そこから逃げ出して一人になりたいと思うことがあるでしょう。一人になったら嫌な気持ちになることもなく、無理にいい顔をする必要もなくなります。でも、それは人間本来の生き方ではありません。

そうではなく、冷静に人を観察しながら、独立した自分として堂々と居たらよい！と曽我先生はおっしゃりたかったのではないでしょうか。

親鸞聖人は、無理していい人間を演じることはない。むしろ、煩悩の毒に侵されて自己中心の生き方しかできない身であるということを知り、この人生を生き切ってほしいと願われたのです。悲しい時には悲しみの中に、喜びの時には喜びの中に、仏さまはいつでも居るのです。

いい人になることはありません。そうではなく、辛いこともうれしいことも、慶《よろこ》べる人であってください。

❺衝動買いをやめる――「妥協」するということ

ミニマリストになって見栄を捨てる

「ミニマリスト」という言葉が話題を呼んでいますね。身の回りのモノを限りなく減らし「最小限のもの」だけで暮らす人々のことで、「最小限」を意味する「ミニマム」を使った造語です。

要らないモノを捨てて片付ける「断捨離《だんしゃり》」という言葉はすっかり定着していますが、「ミニマリスト」は、そもそも所有するモノを限りなく減らして暮らそうという人たちです。牽引役《けんいんやく》は若者。そのライフスタイルが彼らの共感を呼んでいるようです。「見栄を気にするから余分なコストがかかる。見栄を捨てたい」

これが主だった理由のようです。同時に「見栄を取る」というようにも聞こえますね。

また、ある人は「モノに支配されず楽に生きられる」というのが理由なんだとか。

私たちは裸で生まれてきました。しかし、気がつけば物に囲まれていますね。私は「バッグ」に目がなく、数個あればいいのに、服や着物に合わせてバッグも必要と思い何個も買ってしまいます。そして、結局はしまい込んでいるのです。たくさん持っているという満足感はいいものです。ですがそれは逆に、物を持たないと不安になっていくということでもあります。それを忘れてはなりません。

「残りわずか」「限定品」に弱い

皆さんは衝動買いをしたことがありませんか？ なんだかムシャクシャした時、自分に足りないものを埋めたいという欲求が強くなって、発作的に購入するという経験は誰しもあるのではないでしょうか。

また、人間は衝動買いをすることを正当化してしまうところがあります。「今度結婚式に招待されたからな」とか、「自分だって働いているのだから、これくらい購入してもいいでしょう」と自分へのご褒美としての購入。

私の場合は、先日「しろたん」というアザラシの抱き枕を購入しました。実は、数年前にも同じものを買ったのですが、その日はたまたま歩いていて、ぬいぐるみと目があった気がしたのです。そのぬいぐるみは私が持っていた「しろたん」と同じアザラシのぬいぐるみでした。

この「しろたん」に運命の出会いを感じ、つい購入してしまいました。今では就寝の時、両サイドに「しろたん」が居ます（笑）。

人間は、「残りわずか」といううたい文句にも弱いものです。店員さんが大きな声で「ここだけの限定品です。あと数個です！」と大声を張り上げているのを聞くとつい購入してしまう習性があるのです。

また、テレビ、ラジオ、ネットショップも衝動買いの引き金になります。タレントさんが上手に商品を説明すると、つい購入してしまいたくなるのも不思議です。特に深夜の通販番組を見て、買いたくなる人は多いようですね。

衝動買いする人の六つの特徴

デパートに25年ほど勤務する友人に、衝動買いをしてしまう人の特徴を聞いてみました。

①肩書き、立場を気にする人

肩書きがある人は、人付き合いも幅広い。すると自分がどう見られているかが気になります。この場に、この仕事にふさわしいスタイルにするために商品を購入する方が多いのだとか。逆に、「私はどう見られているのか？」と自分のイメージを気にするので、ストレスを感じている人もいるそうです。

②不満を持って生きている人

「私は恵まれていない」と常に思っている人は、今の自分をバージョンアップしたいと思い、買い物をすることによって自分を変えられると思っているようです。

③離婚した、失恋した人

今までの私とはおさらばと「自分をリセットするため」に衝動買いに走る人もいるそうです。

買い物をすることで気持ちを軽くしたいのでしょう。しかし、数ヵ月経《た》って、お金を使いすぎたと後悔の思いを友人に吐き出す人もいるとか。

④心配性の人

「何かの時のためにこの服は必要かな」「もし破れた時のためにもう一枚購入しておこう」「今度来た時、売り切れていたらどうしよう」など、何かしら不安に感じてしまう人はつい購入するそうです。

心配性の人の多くは、割り切れないところがあります。その時はその時、ときっぱり考えられたら買いたいという衝動は抑えられるのでしょうが……。

⑤計画性がない人

「バーゲン」など普段より少しでも安く買える場面に出くわすと、「安いし買っておこう」とつい要らない物を買ってしまう。しかし、その先の必要性について考えないため、結局タンスの中で眠っていたり……（笑）。

⑥周りに流されやすい人

「今、これが流行《はや》っている」と、流行グッズをよく買う人は、ブームに乗っかることで自分も時代の先端にいる気になるのです。流行に流されやすい人は、衝動買いが多いとか。そして、古くなった物をすぐに捨てる傾向があります。このことにも目を向けないといけないのですね。

衝動買いしないコツ

衝動買いしないために大切なのは「妥協」です。「妥」というのは、穏やかに治めるという意味です。「欲しいという感情」と、「本当にそれが必要なのか？　という気持ち」を併せ持ちながら生きていくということなのでしょう。

「私は恵まれて幸せ」と言う人がいます。逆に考えると、恵まれなかったら不幸せということになります。

「少欲《しょうよく》にして足るを知る」という教えがあります。

「少欲」とは、欲望のまま生きる者への厳しいメッセージです。欲しい欲しい！といつまでモノを欲しがるのか？　まだ足りないのですか？　とお教えくださるのです。

「知足《ちそく》」（足るを知る）とは、自己中心的な欲望にとらわれた自分をしっかり知りましょう、物だけではない、どんなことでも心が満たされるような願いに目覚め、生きましょう、ということです。

人の身勝手な欲望は、底なし沼のように尽きることがありません。一つの欲望が充足されても、さらに欲望は膨《ふく》らんでいきます。また新たな欲望を生み出し、無限に膨らみ続けるのです。

欲望を満たすというのではなく、物にとらわれない生き方をしてみませんか。

すると目の前のものを大切にすることができますよ。

❻苦労を肥やしにする――今の状況に「変化」をつける

恵まれていないことをエネルギーにする

私たちはいつも一定の波で生きているということはありませんね。

体調のいい時、よくない時、人間関係が円滑にいっている時、いっていない時があります。

うまくいく時はプラス発想で生きることができますが、うまくいかない時はとことんマイナス発想になってしまう。こんな考えではよくないとは思っていても、悲観的な考えにしかならなくなるものです。

悲劇のヒロイン（ヒーロー）を気取ってしまう人がいます。

悲しんでいる自分に酔いしれているということです。辛い出来事を受け入れられず、嘆く気持ちはわからないでもありません。しかし、いつまでも悲しい気持ちを引きずっていても、何も変わらないのです。

私の場合もそうでした。

結婚して、福岡から京都の今のお寺に入り、17年になりますが、いまだに私の部屋はありません。義父と夫にはそれぞれ三つの部屋があります。義母には一つあります。誰一人、私に一室提供するということはしてくれません。

ある日、義父に「ひと部屋が欲しいのですが」と懇願《こんがん》したことがあります。

「あと3年待ってくれ」

というのが、義父の返事でした。

「3年待てば部屋をいただけるのでしょうか?」

「妻（義母）が3年後には死ぬだろうし、その部屋をもらえばいいだろ」

冗談なのでしょうが、まるで義母に死んでくれと催促《さいそく》しているようです（苦笑）。

「なぜ私に部屋を与えてくれないのだろうか?　なぜ皆は私のことを考えてくれないのか?」。そんなことを考えて悲観的になっても、どうにもなりません。こちらのストレスがたまる一方です。

そこで気持ちを外に向けたのです。

問題は、不利な点にあるのではなく、「できない。してもらえない」と思い込んでしまう私の考え方にある、と。

そんなある日、風邪をひきました。

お寺の中でせきをしていると、義父が「うつるからホテルにでも宿泊してくれ」と言います。その時は、なんて冷たい人だろうと思ったのですが、ホテルに2泊したら、なんともいえない快適な時間を過ごせたのです。

これが、お寺で誰かの部屋を借りて寝ていたら、電話の音、どなたかが訪ねてこられる物音で、おちおち寝ていられません。

私は部屋も与えられない、恵まれない嫁なんだという発想から、「好きに出ていける条件をいただいたんだ」という発想に変わったのです。

そんな時、たまたま不動産屋さんの前を通ると、お寺の近くにあるワンルームマンションの賃貸広告が目に留まりました。家賃も安い。無駄遣い、衝動買いをすることを考えたら、自分だけの空間を借りられることほどうれしいことはありません。早速契約することにしました。

法務、家事を終えると、夜は私だけの空間を楽しめます。また、独身時代を思い出しながら、こうして原稿も書けています。マンションの契約をしたことを、寺の者に伝えると「ナイスアイディアだね」と言われました。

恵まれていないことを悔やむのではなく、恵まれない環境の中で、それをエネルギーにしていくことが大切なのですね。

嫌な状況には「変化」をつける

与えられた目の前のことを一生懸命していくことを、「最善を尽くす」と言いますね。しかし、逆に考えたら、そのことしか見られないという怖さがあります。

たとえば、今までがんばっていた部署から、突然、興味のない仕事の部署に移されたとします。

落ち込んでいても仕方がないから、その仕事をやる以上、「最善を尽くすしかない」

と自分に言い聞かせます。けれども、好きでもないことを無理やりがんばるというストレスが襲ってくる。

すると、心の中では「好きではない。でもがんばらないとクビになる」というギャップの中で、さらに苦しむことになるのです。

そんな時は、「今までの部署とは違った面白さがあるかもしれない」と好奇心を持ってのぞんでみませんか。新たな経験を積むことで、自分が成長の糧《かて》をいただいているのだと考えてみましょう。

「やりたくない」という怒りを出すだけでは、決して、次には進めません。

大切なのは、今の状況に「変化」をつけることです。

人間ですから誰だって「むかつく」ことは多少なりともあります。

心を乱すまいと、何とかここは大人になろうと、心をコントロールしようとします。

しかし、怒りが頂点に達すると抑えられないこともあるでしょう。これが感情の怖さです。

「私の怒りがわからないのか？」

自分の苦しみと、相手の苦しみに、さも格差があるかのように思ってしまうのです。

また、自分を否定されるほど嫌なことはありません。そうなると、言い返したり、時には手を上げたくなるのでしょう。抑えられない気持ちもわかります。煩悩を持った生き物が人間です。さて、『歎異抄《たんにしょう》』に

苦悩の旧里《きゅうり》はすてがたく

とあります。

「私の苦しみはすごいのだ」

「この苦しみがあなたにわかってたまるか」

そんなふうに自分の苦労をいつまでも残してしまい、ついには捨てることができなくなるのです。

しかし、自分の苦悩を絶対化してしまうと、最後までお互いの主張の言い合いで終わってしまいます。

「売られたけんかを返す」というのでは何も前に進みません。

大切なのは、自分の苦労をいい肥やしにすることです。

第2章　〈上手な捨て方〉苦労は捨てず、宝物に

❼まず手放す――手放してみると、大切なものをいただける

「自我」を捨てた人にだけ見えるもの

友人が自慢の黒髪をばっさり切りました。その顔からは清々しさを感じたものです。以前の彼女は腰まである髪が自慢でした。ですが、ある日、仕事のプレゼンテーションに遅刻し、チャンスを逃したというのです。遅れた理由は朝、シャワーを浴びていて、長い髪を乾かすのに時間がかかったとのこと。

遅刻の理由を上司に怒られた時、彼女はこう言ったそうです。

「亡くなった父が私の黒髪を褒めてくれていた。だからこの黒髪で大切なプレゼンテーションに挑みたかったのです」

彼女が黒髪を生かすモデルというのならわかります。しかし、彼女の仕事は自分の企画を魅力的に話すことでした。結局、上司からいくら諭《さと》されても、彼女は泣くばかりだ

ったそうです。

それから、営業に異動になり、企画部に戻ることはありませんでした。

そんな中、私にメールがきたのです。

私は直接会い、お話をすることにしました。


今までの経緯を聞き、私なりに伝えました。

「自我の思いを捨てられないからではないかな？」

彼女は「どういうこと？」と耳を傾けてくれました。

髪が長いので手入れに時間がかかったというのは彼女の都合です。しかし、彼女の都合と仕事とは結びつきません。その理由を相手に訴えるというのは、自我（自分を中心に物事を見る心）を主張しているだけなのです。

自我が強くなると、全体像を見る余裕が持てなくなるのです。仕事に集中することが大切なのに、亡き父との思いを強くして、相手を待たせることに気がつかなかったのです。

そうした自分の都合でしか物事を見ることができない人は「自我の強い人」となりま

す。その自我を捨てないと、何も見えてこないということです。

「捨てる」ではなく「棄てる」

親鸞聖人は、9歳で出家して比叡山《ひえいざん》に20年間籠《こ》もられました。その中で並々ならぬ厳しい修行を果たし、学問を究《きわ》めます。さまざまなことを追求してきたことでしょう。しかし、突《つ》き詰《つ》めれば突き詰めるほど、それは独りよがりの行いでしかないことに気づくのです。

雑行《ぞうぎょう》を棄《す》てて本願に帰《き》す

『教行信証《きょうぎょうしんしょう》・化身土巻《けしんどかん》』

「雑行」とは、「がんばった分（結果）、仏さまから必ず見返りがあるだろう」と思いを強くする行いのことです。阿弥陀さまは煩悩を持ったままの私を救うと誓ってくださっているのに、それに背き自己の想念に迷っていることを「自力」といいます。この自力こそが美徳だと思い、「これをしなければ救われない」と自我の思いだけで生きようとし、最後はまるで自分が地球を動かしているかのような錯覚を起こしてしまうのです。煩悩に振り回されていることには気づきません。

親鸞聖人は、「そうなりたいという思い計らいを棄てて、私の本当の姿を照らしてくださる真実の教えに立ち返ろう」とおっしゃいました。

親鸞聖人が「捨てる」を使わなかったのは、捨てるにはまだ未練があるからです。「捨てる」は、「とりあえず捨てておくか」という程度なのです。「棄てる」というのは、とことん棄て切れるかという問いなのです。

「棄てる」ということは、自分自身のすべてのよりどころが否定される言葉でもあります。「こうであってほしい」「こうでなければならない」と理想というよりどころを求めると、そうならなかった時、私たちは何を頼りに生きていけばいいのでしょうか。

「本願」とは、仏に出遇《であ》うことです。つまり、親鸞聖人がおっしゃった「本願に帰す」とは、仏さまの呼びかけによって、自分中心の物の見方から離れ、ありのままの自分を生きていくということです。

一度、手ぶらになってみる

道元禅師《どうげんぜんじ》（日本曹洞宗の開祖。鎌倉初期の禅僧）は、

放てば手にみてり　　　　『正法眼蔵《しょうぼうげんぞう》』「弁道話」

とおっしゃいました。

つかんで放せないものを一度、手放しなさい。そして、あなたにとって何が今、大切なのかを考えて生きなさい。放したところに、満ち満ちたものをいただけますよ！　というメッセージです。

前述の自慢の黒髪を持った友人は、仕事と個人的な思いが混同して仕事に集中できず、大切な職場も離れることになりました。しかし、友人には長年、培ったセンスがありま す。

彼女はしばらく自分と向き合う時間を持った後、独立しフリーの道を選びました。その時まず向かったのが、美容院でした。自慢の黒髪をばっさり切り、ショートカットにしました。今は、お客様に新たな企画を提案する仕事をしているそうです。

「妙慶さん！　父との思い出はずっと心の中にある。それでいいよね」

そういって彼女はイキイキと、仕事にプライベートに充実した日々を送っています。

合掌するとはこんな意味があります。

「一度手ぶらになり、合唱しましょう」

両手にお念珠《ねんじゅ》をかけて、何もできない我が身になるのです。そして何もできない状態から、頭を下げて、我が身に向き合いましょうということなのです。

「今」の私の「心」に向き合うことを「念」といいます。

さあ！　あなたも「つかんで放せない心」を一度手放し、今大切な一つのことだけをやってみませんか。

❽完璧を目指さない――白黒をつけないからほのぼのできる

完璧主義の功罪

突然ですが、「かんぺき」という漢字を書いてみてください。

私が講演の中で尋ねてみると、「完」は書けても「璧」という字の下の部分を書けない人が圧倒的に多いのです。たいていの人は「土」と書きます（正式には「玉」ですね）。

人間というものはわかっているつもりで、実は知らないことが多いものなのです。

さて、白黒つけないと気がおさまらない人のことを完璧主義者といいますね。

完璧に生きるということは真面目という意味もありますが、それが強くなればなるほど、自分を追い込み、その身を焼き尽くしてしまうことをご存じですか？

人間は、なぜ完璧に生きようとするのか？

それは、心の底に不安を抱えているからなのでしょう。

完璧になることで、心の不安が解消され「安心」するのです。

しかし、それはあくまでも自分の価値観で判断した「完璧」であって、他人もまた違う価値観を持っています。

自分の価値観を押し付ければ押し付けるほど、他人とのズレを感じて、疲れてしまう。そして最後は「こんなはずではなかった」となるのです。


完璧に生きようとする人が悪いのではありません。それは無理もないことなのです。なぜなら私たちは、大人から「いい子でいなさい」とか「一番になりなさい」と完璧に生きることを押し付けられて育ってきました。親のあとを継ぐために「親と同じ資格を得なさい」とか、「教養を身につけなさい」などと言われた人もいるでしょう。


私の兄（現在の西蓮寺《さいれんじ》住職）も「住職として生きる」という条件を周りから押し付けられてきました。

しかし、10代で住職という意識が持てるはずもありません。真面目な兄は「こんな自分ではだめだ。生きていけない」と自己否定へ走ります。そしてストレスが積み重なり、とうとう引きこもってしまいました。

引きこもりは今、大きな社会問題です。「社会から認められるように、完璧な自分でなければいけない」という思いが強く、しかしそうはなれないというギャップの中で苦しんでしまう。期待通りの人間になれないと気づいた時、自らの手首や腕を傷つけるリストカットをする人もいるようです。

経済的豊かさを優先する現代社会では、人間の評価も、経済的な側面に偏《かたよ》りがちです。経済的に役立つ人間のみが評価され、そうではない人間を排斥《はいせき》してしまうような社会になっているのです。

ある人は言います。

「役に立つ人間になろう」

では、社会からも親からも認められず、役に立たないと言われた人はどこで生きていけばいいのでしょうか。最後は「こんな自分ではだめだ」と自分を否定して生きていく、そうした生き方をするしかないのでしょうか。

完璧を捨てる

されば、そくばくの業《ごう》をもちける身にてありけるを、
たすけんとおぼしめしたちける本願のかたじけなさよ

『歎異抄』

親鸞聖人は、自分自身を「そくばくの業をもちける身」と自覚されました。そくばくの業とは、「数限りないたくさんの業」ということです。業とは、人間の行いのこと。主には「身口意《しんくい》」の三業《さんごう》をいいます。

●身業《しんごう》＝身体で行うもの。立ち居振る舞い
●口業《くごう》＝言葉を発すること
●意業《いごう》＝心で物事を感じたり、考えたりすること

人は、行いによって他の人を喜ばせることもありますが、逆に傷つけたりすることも

ありますよね。

そういった「良いところも悪いところも両方を身に抱えた私なのですよ」と親鸞聖人は教えてくださいます。つまり完璧な「良い人」「できる自分」だけにはなれないとおっしゃったのです。

完璧には生きられないからこそ、人間のほのぼのさを感じるのです。「この人、私と同じ人だ！」と安心するのです。どうか、できない自分を堂々とさらけ出してください。

❾自分を省みる――すべてはあなたの受け止め方次第

後悔するのではなく、反省する人生を

「なんであんなことをしてしまったのだろう」

「なぜあの時、素直になれなかったのだろう」

反省することってたくさんありますよね。

反省とは、自分のしてきた言動を省《かえり》みて、その可否を改めて考えることです。これは今後の生き方に大きく影響しますから大切なことですね。ちゃんと反省できて、それを素直に伝えられる人は人付き合いも上手だし、人気もあると常々感じます。

しかし、この反省が「後悔」に変わると、自らの成長をストップさせてしまいます。

確かに反省も後悔も、表面上はどちらも過去の失敗を思い出すところは同じ。でも、

「こうすればよかった」と悩んで、失敗から教訓を学んで未来につなげることが「反省」なのに対して、「後悔」は、変わらない過去を嘆《なげ》くだけで終わり、「自分は不幸」だという思いと憎しみを強めるだけです。

後悔というのは、「自分の欲求を満たさなかったことを悔いている」だけなのです。

私たちは悔しさを「ごまかす」ことに一生懸命になります。

悔しいことがあっても音楽を聴いて癒す。趣味に没頭して違うことを考える。カラオケで歌って発散する。

しかし、どれだけごまかしても、満たされることはないのです。

自分の本当の気持ちを押し殺して、ごまかして生きていっても、また一人になった時、元の自分に戻り、後悔してしまうのです。

好きな人も、嫌いな人も自分の都合

私たちには性分《しょうぶん》がありますから、好きなこと、嫌いなことがあります。

誰もが好きなことには率先して興味を持ちます。

当然、人間関係にも好き嫌いがあります。好きな人とは楽しく付き合えますが、嫌いな人とは何か意見が食い違うといら立ちます。「なんであんな人に協力したのかしら！悔しい」と愚痴が出るのです。

しかし、好きな人、嫌いな人というのは本来いません。好意を持ったり、拒否したりする、自分に都合のよい価値観があるだけなのです。

物事が自分にとって都合よくいっている時に、愚痴をこぼす人はあまりいませんよね。しかし、自分にとって都合の悪いことが起こってくると愚痴が出てきます。

それはなぜ？

先日、友人がこんなことを言いました。

「せっかくあの人のお見舞いに行ったのに、退院後のお礼もないのよ」

お礼がないとお見舞いしたことも生きないというのです。自分が勝手に求めたお礼の言葉がないと、その都度、愚痴が出てしまうものです。

身勝手な自分に気づく

不都合な状況が起こってくると愚痴をこぼしてしまうのが人間です。仏さまは、そんな身勝手な自分の姿に気がつくかどうかを問うておられます。そういう自分の姿に気づきを得られた時、後悔と愚痴は収まっていくのです。

先人は「過去と他人は変えられない」とおっしゃいます。どれほど過去の出来事を悔いても変えられないのです。あの人の性格が嫌だと思っても、長年生きてきた人間の性分は変えられません。

過去への後悔に振り回されて、あなたの大切な人生を台無しにするのですか？ 親鸞聖人も当然、後悔の中で生きてきたことでしょう。比叡山《ひえいざん》で厳しい修行をしているのにもかかわらず、どうして救われないのか？ 自分はいったい何がしたいのか？ また、流罪《るざい》に遭《あ》い、「なぜ自分が追放されるのか？」悔しい日々を送られたことでしょう。しかし、後悔では終わらせなかったのです。

たとひ法然《ほうねん》上人にすかされまゐらせて、念仏して地獄に
おちたりとも、さらに後悔すべからず候ふ
『歎異抄』

それは師の法然上人（浄土宗の開祖・鎌倉初期の僧）との決定的な出遭いがあったからです。


賢く偉くなって救われるのではない。

愚かなまま、救われる。

そして「南無阿弥陀仏」のお念仏をいただき、力を抜いて生きていけばいい。

そう教わった時、親鸞聖人は目覚めたのです。この私が「そのまま救われるのか」と。

それでこそ親鸞聖人は、「たとえ法然上人にだまされても、後悔しません」とおっしゃったのです。

それは親鸞聖人が「私は阿弥陀さまの懐《ふところ》に包まれて生きていけばいい」と確かな信心をいただけた、心の余裕なのでしょう。

それは悩み苦しみ抜いた先に、やっと見えてきた自信なのです。

あなたもどうか一日を振り返りながら自分を省みてください。

反省が後悔に変わり、それを引きずり、愚痴を言い続けて暗闇に入り込むのではあまりにも自分の人生がもったいない。

辛い出来事から苦しみを光り輝かせることができるか否かは、あなたの受け止め方次第なのです。

⑩期待しない――自分も相手も大切にする

「してくれない」という病

親や兄弟は、私を評価してくれない。
夫（妻）は一度だって褒めてくれない。
上司が、仕事をやりやすくしてくれない。
失敗したのは、同僚の〇〇さんが教えてくれないから。
友人の〇〇ちゃんは私だけ誘ってくれない。
私にだけ幸せが舞い降りてくれない。

いつも「してくれない」と愚痴をこぼしてしまうのは、「してくれない病」にかかっているのかもしれません。

とはいっても、理不尽な扱いを受けると、悔しい気持ちにもなり、誰だって落ち込みますよね。すると誰かに八つ当たりもしたくなるでしょう。しかし、いくら誰かのせいにしてみても、現実は変わらないのです。

なぜ、仕事や人間関係がうまくいかないのでしょうか。

会社を例に挙げましょう。

「売り上げに貢献したのに、会社は評価をしてくれなかった」

悔しい気持ちになるかもしれません。何が悔しいのか。

それは、「会社が自分の存在を認めてくれるのでは」という期待感が裏切られた、それが悔しいのです。

しかしながら、必ずや認めてくれるでしょうか？

私の友人は放送局の制作部で番組を作っています。いつも上司からは、「〇〇の取材に行ってきて」と依頼されますが、取材場所は局から3時間もかかるくらい遠くて面倒な仕事です。

「こんな仕事しか回されないのは、私が上司に好かれていないからだ」と思い、事あるごとに上司をお酒の席に誘ったり、ある時にはお土産も渡したりしてご機嫌をとります。しかし、状況は変わらず、自分があまり行きたくないところばかり回されるそうです。

「妙慶さん！　私なりに上司にかわいがってもらうように努力しているのに、どうして私は、面倒な仕事しかもらえないの？」

こんなメールが友人からきたのです。

私はこんなふうに返信しました。

「上司に気に入ってもらったから、自分のやりたい仕事が回ってくるの？　どんな条件であってもいい番組を作るのが、あなたの目標では？　上司ではなく、身近なスタッフの皆さんを食事に誘い、番組作りについて話をしてみたら？　または、あなたが番組の企画を書いてみたら？」

早速、友人は現場に関わるスタッフの皆さんと懇親会を企画しました。すると皆さんが友人に対して取材の仕方、演出に不満を抱えていたことがわかったのです。また、彼女は言われるがままの取材で、自ら企画を考えることをしていませんでした。

「上司は私に面白い仕事を回してくれない」と言う前に、自ら率先していい仕事を作る努力をする、視野を広げることが大切なのでしょう。

お願い事＝請求書の押し付け

ご門徒のお宅にお参りした時のことです。

家族の皆さんに、「どんな気持ちでお参りしていますか？」と聞きました。

「どうか、いいことがありますように」

「いつまでも健康でいられますように」

「良い仕事が舞い込んできますように」

皆さんが一斉にそうお答えになりました。

気持ちはわかりますが、それは仏さまに請求書を突《つ》きつけているみたいなものです。これだけお供え物をしたのだから、「お願い事をかなえてよ！」と交換条件を出しているのと同じです。

仏さまからすると、「それはあなたからの一方的な請求書。では請求書を出したのなら、領収書も書いてください」というものです。

つまり願い事をかなえたら「はい。確かにお受けしました」という領収書を出せるのかということです。

仏さまからの「願い」をしっかり受け止め生きていけるのか？　それはお経（生きる中で大切な教え）をいただき、しっかり生活の中に教えを照らし合わせ、生きていけるのかということです。

「こうして、ああして」ではなく、「今の出来事はすべて学びとなるご縁なんだ」と受け止める心が人間を深くしていくのです。

「頼む」ではなく、「憑《たの》む」

「こうしてくれない」というのは、相手を当てにして依存する姿です。それがかなわないと、「なぜ私には幸せが舞い込んでこないの？」「損をしている」というやっかみの気持ちになります。

親鸞聖人は「頼む」とはおっしゃいません。そうなると、すべて「当てにする気持ち」になるからです。

相手に評価してもらおうと期待するから、思いどおりの結果がかえってこないと腹が立つのです。

お願い事もそうです。阿弥陀さまに頼むとなると、お参りしたぶん、見返りがあると期待してしまうのです。逆に、見返りどころか、求めてもいない状況になったら、私たちは恨《うら》むことしかしません。それは自分中心の自我の思いでしかない。単なる人間の都合なのです。

親鸞聖人は「頼む」ではなく「憑む」という漢字を書きます。この漢字には「馬」という字がついていますね。

つまり自分の思いだけで突っ走るのではなく、馬に乗った状態になって、状況に「おまかせする」という意味なのです。それを親鸞聖人は、『歎異抄』

他力をたのむ

とおっしゃったのです。

「他力を憑む」とは、「阿弥陀仏の本願をよりどころとする」という意味です。じたばたと嫉妬の思いで「してくれない」と嘆くのではなく、自分を大切にし、相手も大切にしていけば、あとは流れの中で何とかなっていきますよと教えてくださるのです。

「自分の立場」を優先させることを捨てて、すべての状況、声に耳を傾けませんか。耳を傾けながら生きようとする気持ちが、自力を離れて「他力を憑む」のです。

「自我」を捨て、自分は阿弥陀仏から何を願われているかに耳を傾けて生きると、心が柔軟になり、愚痴など言う暇もなくなります。

⓫苦労という心の荷物を持つ――今の私をつくった最高の宝物

人は「心の荷物」を抱えている

人間は裸で生まれてきます。

しかし、気がつくと、どれだけの荷物を抱えてしまっていることでしょうか。家の中を見渡しても物、物、物。心の中にもさまざまな荷物がぶら下がっています。

捨てきれない
荷物のおもさ
まえうしろ

自由律俳句で著名な俳人の種田山頭火《たねださんとうか》の作品です。

山頭火は、幼いころ、母が自死します。そして生家の借金、妻から突きつけられた離縁などの試練が続きます。

すべてを失った山頭火は、縁あって仏門に入り、放浪《ほうろう》の旅に出るのです。まさにすべてを失った中で、歩くことから人間の心を打つ句を残しました。

しかし、すべて失った山頭火にも捨て切れない荷物が前後にあったといいます。

さて、人間はどこまでも人との関係性を断ち切ることはできません。それが「つながり」です。そのつながりとは何でしょうか？

それは、この身をして大地に生きているという現実です。それを親鸞聖人は「身土《しんど》」とおっしゃいました。この大地から離れて生きることはできないのです。切りたくても切れない、この地球の大地との関係の中で私たちは生きています。

山頭火がなぜ、ここまで素晴らしい句を残せたのか。それは、捨てることのできない「心の荷物」を抱えていたからなのでしょう。その荷物が縁となり、自分の人生を深く見つめることができたのです。

私にとっての荷物は「寺」でした。

寺に生まれなければ、お寺の維持、後継で悩まなくてすみます。引っ越しも気軽にできました。

父が亡くなり、後継者を任せられた兄は引きこもりになりましたが、その中で私が寺を継ぐことを期待されたのです。

責任を逃れようとする家族を見て、ご門徒はすべてほかのお寺へ移ります。

「この寺はマンションに建て替えられる」

そんなうわさが流れた時、母が私に訴えてきました。

「この寺を命がけで守ってくれたお祖父さん、お祖母さんのご苦労を忘れてはならない。いずれお寺を継ぐことも選択の一つとして考えてほしい……」

考えてほしいと言われても、私はどうしていいのかわかりませんでした。

人生で本当に必要な荷物とは？

親の勧めで大谷専修学院に入学したある日、担任のO先生がおっしゃいました。

「川村！　背負っている悲しみの荷物を、阿弥陀さまの大地に置きなさい。つまるところ、苦労という荷物をなくすことはできない。しかし、その荷物を阿弥陀さまは受け止めてくれるから。

そして何によって悩んでいるのか、一緒に点検していこう。点検するには教えの言葉をいただかないと気がつけない。ちょうど、私の姿を鏡が映し出すように、苦しみに振り回されている自分に、教えの言葉が気づかせてくれる。そのことを親鸞聖人が教えてくれる。あとは安心して荷物を置きなさい」

さらに親友からこんなことを言われました。

「あなたは人と接する仕事が適職だよ！　学生のころから人の悩みを聞いていたでしょう。人が好きなんだよ。あなたの苦労がみんなの苦悩に響き合うと思う」

私はこの言葉で、僧侶として生きていくことを決意したのです。

苦悩という荷物が、生きる原動力になったのです。

嫌なものは手放そう

皆さんは身近な人との人間関係に悩んだことはありませんか？　私はあります。

たとえば親戚です。

ある親戚が遺品を独り占めしたのです。私ははじめのうちは「もう一度、親戚で分け直そう」と彼女を説得していましたが、「絶対に誰にもあげたくない」と意地を張ります。挙げ句の果てに、彼女は説得する私を誹謗《ひぼう》中傷するようになったのです。

私が彼女を説得しようとしていたのは、思い出を親戚の皆で共有してほしかったからです。しかし、どうにもなりませんでした。

よく考えると、彼女が独り占めしたのは高価な物であっても、しょせん「物」です。

死ぬ時には持っていけない物ばかりです。

そして、私は彼女の意識を変えようと一生懸命になっていたのです。親戚として彼女を変えないといけないと思っていたのですが、私が強く出れば出るほど、彼女は意地を張り、その気持ちを変える可能性が減ります。それが「自我」の張り合いの結果です。

私は「親戚だからわかってほしい」という思いを捨てられなかったのです。

さて、「北風と太陽」のお話を覚えていますか？　ある時、北風と太陽が力比べをしました。通りかかった旅人のコートを脱がすことができるか。

まず「北風」が力いっぱい冷たい風を吹かせます。しかし、風が強く吹けば吹くほど、旅人はしっかりと体をコートで覆い、最後まで脱ぎませんでした。

次に、太陽が温かい日差しを旅人に当てると、自らコートを脱ぎ出したのです。

北風のように冷たく厳しい態度で人を動かそうとしても、かえって人は頑《かたく》なになり、素直にはなれません。逆に太陽のようにほのぼのと温かい態度で接すると、人は自ら心を開いてくれるのです。

この物語を通じて、私は学ばせていただいたことがあります。

今までの私は、間違っている人を「正したい」という思いで生きてきました。

しかし、どれだけ私が正しいという思いを込めて風を吹かせても、相手には「負けたくない」という気持ちがありますから変わらないことに気がついたのです。

むしろ、物に執着してしまう彼女の気持ちを考えると、「不安の中で生きているのだな」と考えさせられるのです。この宝物は誰にもやりたくないという思いがあるから、葬儀の前日にすべて取ってしまったのです。

人間は、強い人から攻撃されると、しっかりと体をコートで覆い、自分の身を守ろうとします。相手の声も聞こうとしません。

私は一度、彼女への思いを捨てようと決意し、こちらから連絡するのを一切やめました。いつか「物」に執着して人間関係を悪くしてしまったことに気がついてくれたらいいなと思ったのです。


苦労というお荷物はいただきましょう。この苦労があることで、山頭火のように良き言葉を残せます。人にも影響を与えます。人間を深くもしてくれます。しかし、嫌なものは手放しましょう。嫌な人間関係は捨てましょう。それだけで、もっと開放的に生きられますよ。

第3章 〈持たないコツ〉買わない、使い切る、手放す

⑫本物に出会う――本物を知ると偽物がわかる

本当に必要なものか？

友人からこんなメールがきました。

「着ていく服を考えていたら時間がかかり、さらにアクセサリー、バッグとの組み合わせを考えると、バスに乗り遅れ、結局タクシーに乗ることになったの。無駄な出費をしてしまったわ。私って要領が悪いのかしら？」

私はこう返信しました。

「身につけることばかりに気が取られ、時間のことにまで目がいかなかったのでは？」

久しぶりに友人に会うとなると気合いも入るでしょう。「私もこうしてがんばっていると認めてほしい」という気持ちが強くなり勝負服に変わるのです。

また、先日、カトリック系の大学で講演の依頼をいただきました。全国から同窓生が集まり、懇親会ではきらびやかに着飾って、「何かおしゃべりしなければならない」という構えからでしょうか。世間話に花が咲いていました。ですが、残念ながら印象に残る人は少なかったのです。

そこにシスターが白のブラウスにグレーのスカート、黒の革靴、アクセサリーは真珠のイヤリングだけをつけて登場しました。肌の色と真珠の色が溶け合って、それはそれは印象に残りました。

カトリックの学校に、僧侶である私を迎え入れてくれ、そのシスターは笑顔でおっしゃいました。

「妙慶さん！　今日はお疲れさまでしたね。ありがとうございました。宗教をお伝えする者として、また、私も一人の女性として、生きる中で大切なことを学ばせていただきました」

相手のことを気遣い、自分のことにもふれながら、今日どのように感じたのかをおっしゃるその言葉の中に、なんとも言えない人間の深みと魅力を感じました。

世間話もきっかけとしては必要です。大切なのはその話からどう発展させていくかですね。

自分がどう感じて、どう思ったのか。それが伝わることで、その人にしか表現できない魅力が生まれるのですね。

どうしても「これも、あれも必要」と身につけたり、必要以上に話をしてしまうのは、自分の中に落ち着けない「不安」があるからなのでしょう。確かに、生きる中で必要なものはたくさんあります。それを失ったら生きてはいけないというものもあるでしょう。しかし、「これは本当に私を支えていくものではない」と感じられた時、人は「これは不要」だと手放せるのかもしれません。

本物を知らないから求めてしまう

本当の自分がわからんから、本当でないものを本当だと思っていた真宗僧侶の安田理深《やすだりじん》先生のお言葉です。

私は、池坊《いけのぼう》短期大学で華道を学びました。必須科目には茶道もあります。華道、茶道から学んだのは「本物に出会う」ということです。

京都は1200年を超える悠久《ゆうきゅう》の歴史を刻む都市です。歴史もさることながら、「技」もそうです。時間をかけて伝統を守る者が流行を求めるのではなく、ひたすら「本物」を追求する。

私は師から「美術館で本物の道具を見なさい。花という真実にふれなさい」と教えていただきました。

本物を知ると偽物がわかるのです。偽物だけを集めているうちは本物には出会えないのです。

ですから、安田先生のこの言葉をいただいた時、すべての根源は「本物」にあるのだなと感じたものです。

人間もそうですね。

自分に自信がないと、これもあれも欲しい、持っておきたいという感情が湧いてきます。「あの人が持っているから私も欲しい」「持たないと馬鹿にされそうだから」、そういう理由で手放せない人もいます。

しかし、それは本物のことを知らないから、ひたすら持つことで安心しようとしているのかもしれません。

私たちが「これも要る、あれも要る」と思うのは、本物を見抜けない「欲の延長」が原因です。

日常生活に物足りなさを感じる、「こんな私はダメだ」と自分への要求の度合いが高くなるから、相手や物への要求も高くなるのです。

仏教にある「少欲知足」の言葉は、私たちの「在り方」を問うてくれる、智慧の言葉です。

仏教にはもう一つ、「無財の七施《しちせ》」という教えがあります。

私たちの日常生活において、お金がなくても、物がなくても周りの人々に喜びを与えていく、少しでも喜んでいただける方法があるということです。

その六つ目に、床座施《しょうざせ》という教えがあります。「どうぞ」のひと言で、電車などでお年寄りや身体に障害のある方に席を譲ることです。

座席だけではありません。自分の地位や持っている物を後進に託すという意味も含まれているのです。

「もうそろそろあなたがこれをやってみる?」と身につけていたバッジを渡す。その潔《いさぎよ》さは、たくましさでもあります。

「私には不要」と思えた時、外見にとらわれない、すべてを手放した、本物の姿に変わっていくのかもしれませんね。

⑬余計なものを買わない習慣をつくる——目の前にあるものを大切にする

「買い物ストレス解消法」は間違い

新型コロナウイルスの感染が拡大する前は、来日する外国人観光客が急増していました。京都にも世界中からさまざまなお国の方が来られ、観光を楽しんでいました。

そんな中、「爆買い」という言葉が流行語にもなりました。

日本製品に信頼感があるのはわかりますが、なぜ日本に来てまで大荷物で帰るのでしょうか？

かくいう私も、海外旅行をした時、二度と手に入らないかもしれないと、同じ製品を何個も購入したことがあります。しかし、購入したという安心感で、結局、使用せずにそのままになっています。

この「欲しい」という気持ちはいったいどこからきているのでしょうか。

これまでに多くの買い物依存症の方とメールで向き合ってきました。

そのほとんどに共通するのが、人間関係で心の切り替えができずに、不満を買い物というかたちで解消していること。

また、クレジットカードがあると、気楽さから買い物がどんどんエスカレートし、気がついたら必要のない物を大量に買い込んでいるのです。

人間は、自分を卑下《ひげ》すると自分の居場所がないと感じ始めます。そんな時、買い物に熱中することで、「物」に満足感を求めるのです。

そのことを仏教は鋭くお教えくださいます。

苦しみの原因とは？

苦しみの原因は「煩悩」です。

中でも「三毒」が仏教で重要視する煩悩で、人間の根底にある煩悩が苦しみをつくっているると教えてくださいます。

一つ目が「貪《むさぼ》りの心」です。あれが欲しい、これが欲しいという心から離れられないのです。

二つ目が「怒《いか》りの心」です。怒りを自分でつくることで、感情をコントロールできない反理性的な心です。

三つ目が「愚痴《ぐち》の心」です。自分は正しいという視点で、いつも誰かを批判したり軽《けい》蔑《べつ》してしまう心です。そういう自分の愚かさが見えていない状態こそが「愚か」であり、

「愚痴」とお教えくださいます。

最後まで自分中心の心から離れられない、そのいら立ちは自分が勝手につくり上げていることに気がつかないのです。

お釈迦さまは、「四苦八苦」があるとも教えてくださいました。

四苦は「生老病死《しょうろうびょうし》」です。人はご縁があって生まれてきます。そして必ず老いていきます。病気にもなります。やがて死ぬ運命です。

病気や死が怖いといって、魔よけを購入する人がいますが、それは不安を物でごまかしているだけ。魔よけがあろうとなかろうと、病気になる縁が整えば、病気になるのです。

そうではなく、自分の身体と心に向き合うことが物から解放される、固執しない心を持つコツです。

そして残り四つの苦を合わせて、八苦といいます。

五つ目は「愛別離苦《あいべつりく》」です。

愛するものと別れなければならない苦しみのことです。ましてや身内の方を亡くした苦しみからは、そう簡単に立ち直れるものではありません。

六つ目は「求不得苦《ぐふとっく》」です。

求めても得られず、つまり欲しいものが手に入らない苦しみのことです。

たとえば、新発売のスマートフォンが出たとします。発売初日に長い行列ができて、3時間で売り切れてしまったので、手に入らなかった。並んでいたのに買えなければ悔しいですよね。

すると、購入できなかった苦しみが生まれるのです。

得られないことが苦しみになっている。これは三毒の煩悩の「貪りの心」が苦しみの因《もと》になっているのです。

七つ目が「怨憎会苦《おんぞうえく》」です。

嫌いな人、憎い人と会わなければならない苦しみのことです。

気の合う仲間と毎日、一緒にいられたらいいのに、私たちは、嫌いな人、憎い人とも付き合わなければなりません。これは苦痛以外の何ものでもないですね。

嫌いな人がいるから苦しいのではありません。

原因は、人を憎み、恨む心をこの私が持っていることです。

人間はそれぞれの感覚を持っています。合う人、合わない人が出てくるのは当たり前です。

八つ目が「五蘊盛苦《ごうんじょうく》」です。

「五蘊」の働きが盛んなことから起こる苦しみのことをいいます。

私たちの存在は「色《しき》（物質および肉体）」と「受《じゅ》（感受作用）」と「想《そう》（知覚表象作用）」と「行《ぎょう》（意志、その他の心の作用）」と「識《しき》（認識作用）」の五つの要素からなっています。これを「五蘊」といいます。これが活発になればなるほど、得られない不満から新たな「苦」を生みます。

食欲、物欲は元気だからこそ湧き起こります。辛いものです。病気を経験した人は必ずおっしゃいます。

「何も要らないから、この身体が元気になればいい。
何も要らないから優しい言葉がほしい」

今、目の前にある「物」を大切にしませんか。リメイクしたり、お直ししたりして、大切にできる物があるのではないでしょうか。
どうしても必要な物はこだわりをもって買い、大切にしながら暮らす。心が満たされたら、必要以上に求めることもなくなるのです。

⑭服を減らす——すっきりした生き方ができる

服持ちほど、着る服がない

毎年、私のお正月の楽しみの一つが、ある婦人服メーカーの福袋を購入することでした。

「え？　お坊さんでも福袋買うの？」

そう思われがちですが、一人の女子としても生きております（笑）。

しかし、数年前から変わりました。

過去、福袋で買った服はクローゼットの中に入れっ放しです。タンスの肥《こ》やしとはよくいったものです。また、タンスの中にどんな洋服が入っているのかを確認するのは半年に一度の衣替えの時くらいです。

さて、ある人に聞いたのですが、服を持っている人に限って「もう着るものがない」とおっしゃるそうです。

どういうことかというと、出かける時、着る服が決まらない。これもあれも出してきて「この服はいま着たい気分ではない」とイライラする。

「こういう時、ちゃんとした服さえあればイライラしなくてすむのに」と服のせいにするのです。

結局また、衝動買いをしてしまい、服は増える一方……。

今年のお正月、活気を味わいたい私は、福袋の看板を横目に、京都の街歩きをしました。京都に住んで三十数年経ちますが、人情も私の実家の北九州のそれと似ていて和やかです。

「あら、妙慶さん！　あけましておめでとうございます」

突然、友人が声をかけてくれました。彼女は、ある大学の経済学部准教授です。せっかくなのでお茶をすることにしました。

カシミヤのコートを脱いだ彼女は、セーターにパンツ姿がとてもお洒落《しゃれ》でシック。

「妙慶さん！　もうこのコート20年も着ているのよ。私が大学に就職が決まった時、長く着ようと思って購入したの。いい物は飽きがこないわね」

うれしそうに話してくれました。私は聞いてみました。

「伺っていい？　服はどのくらい持っているの？」

「コートは1着、スーツは4着。あとはセーター数点とブラウス、スカーフ、スラックス、スカート2枚のみの組み合わせ。それで十分よ。

より少ない服、より少ない選択肢だから朝もスムーズに出勤できるわね。また、品質のいい物を購入しているから、仕事のテンションも上がるし、優雅で快適さも味わえるわ」


私は、同じ服を着回すのはセンスの悪い人がすること、と思っていたのですが、そんな考えは彼女の言葉で吹き飛びました。

自分の中身がないからこそ、服などで補い、センスのよい自分を見せようとしていたことに気づいたのです。

友人は服を買うのにも、何度も下見をして「今、必要なのか?」「この服のコンセプトは何?」といろいろ考えて購入するそうです。すると、服を大切にするようになるというのです。

私は過去に何着もの洋服が詰め込まれた福袋を買った時のことを思い出しました。普段バーゲンをしないメーカーの商品を安く購入できるというお得感で買ってしまいましたが、購入した時の満足感はどこへやら、その服を着たいと思うことはありませんでした。

物を減らせば、「自分」を生きることができる

「物が減る」ということは、「選択肢が減る」ということです。余計なことで悩む必要がなくなるということ。何よりも衝動買いをしないようになります。

生活スタイルも変わります。親鸞聖人は、「信心決定《しんじんけつじょう》」すると、堂々と生きることができるとおっしゃいます。

それは「誰が」決定するのか、ということです。自分で決定するのが「決定」と思われがちですが、そうではありません、阿弥陀さまに定めていただくのです。

「決」の字の右側は、「コ」に「人」です。左半分には、「水」です。阿弥陀さまが凡夫《ぼんぷ》の私たち（人）を「コ」の字にえぐり、そこに、本願海《ほんがんかい》（阿弥陀仏の慈悲の広さと深さ）の水を注いでくださるのです。

そこではじめて、「そうなんだ」と、決めずにはおれなくなる心になるということです。「定まる」の下の部分は「正」です。正しく生きる道は何か導いていただくのです。

正しく決められる状況になるには、遠回りも大切です。

はじめは、自分に自信がなく物を増やすことで自信をつけていた。

しかし、人間の価値は服を持っているとか、お洒落だとか、頭がいいとか、宝石や財産を持っているということではないことを、仏法と出遇うことで学ぶのです。

心がごちゃごちゃしていると、物に流され、心までがかき乱されます。

大切なのは「シンプルに生きる」ということです。すると心が整理されて、すっきりした自分を生きることができるのです。

「あなたを生きなさい」と阿弥陀さまの水が心に流された時、私たちの心は潤い、物に執着しない生き方ができるのです。物に執着しないことは心のぜいたくに通じているのです。

⑮心のよりどころを手に入れる――「縁借《えんが》り」という発想

新築が招いた悲劇

数年前のことです。こんなはがきが届きました。

「一軒家を建てました。庭には露天風呂があります。どうぞ遊びにきてください」

夫婦共に医師でお子さん1人に恵まれ、誰から見ても憧れの家族像です。1年経って私はその友人にメールをしました。

「近くに行くので、新築祝いに立ち寄らせていただいていい？」

すると友人から意外な返信がありました。

「今、近くのマンションに住んでいるの。よければそこに来てくださらない？」

さっそく伺い、事情を聞きました。

「新築してから私たち家族はけんかが絶えなくなったの。夫は外科医で手術が終わるとぐったりして、家ではただ横になってテレビを見るだけ。子どもは自分の部屋ができたことで、台所に現れることもなく、部屋でゲームやネット三昧《ざんまい》。私も仕事でぐったりとなり食事のしたくもできない。

外食しようと言っても、夫は『ご飯も作れないのか！』と罵倒《ばとう》。せっかく作った露天風呂も誰も掃除をしようとはしない。そのことで夫とけんかが絶えなくなったの。私も『こんなところに家を建てやがって！』という夫の言葉にキレて、腹いせに家を出てしまったのよ。今はこうして賃貸マンションに子どもと住んでいるの。今が一番、楽よ」

私はつれあいさんのことが気になり、聞きました。

「つれあいさんは１人で一軒家に住んでいるの？」

「夫も病院のそばで賃貸マンションを借りているみたい。もう家族はバラバラになってしまったの」

とめどなく涙を流しながら語ります。なんということでしょうか。

今では、「家が財産」という言葉は一昔前の話のようです。家に住んでいる家族の関係性ができていないと、バラバラになってしまうのですね。

心のよりどころとは？

「家」という字は「屋根」に「豕《ぶた》」と書きます。豕は本能のまま生きる動物です。「これが欲しい」「これを取られてはならない」とお互いが奪い取ろうとします。相手のことなどお構いなしです。そんな豕は私たち人間のことでもあるのですよ！　と教えてくれるのが「家」という字なのではないでしょうか。

さて、親鸞聖人は結婚をした初めての僧侶です。しかし、寺は持たなかったのです。仏法と家族という中身を大切にして、形に執着されなかったのだと思います。もちろん不安定な時代を生きてきたこともありますが、寺そのものに固執されたわけではないと思うのです。

私も今まで「私の建てた家だ！　この家は誰にも渡さない！」と権利の限り戦う家族をたくさん見てきました。

もちろん、家を無視しているわけではありません。帰る場所、ほっとできるのが「家」です。帰るところがないことほど寂しいことはありません。しかし、場所と心のよりどころは違います。家は、老朽化したり自然災害にあったりすればなくなります。形あるものはいつか消えていくのです。

しかし、心のよりどころとは、消えて流されないための柱です。柱を持って生きるとは、すなわち「教え」と共に生きるということです。私にとっては「南無阿弥陀仏」です。

「南無阿弥陀仏」とは、自分が念じるのではなく、すでに阿弥陀さまが、私たちに呼びかけてくださっているのです。苦しい時や悲しい時、自分が嫌になった時、「その苦しみや悲しみをごまかさず、悩んでいる自分を大事に生きてほしい」という深いメッセージが込められています。

その願いに応えて、私たちも「南無阿弥陀仏」と称《とな》えるのです。

「縁借り」もいい

お寺の関係者が使う言葉に「縁借り」というのがあります。

えてして、そのお宅の檀家寺《だんかでら》が遠方であるため、お参りするのに時間がかかる、お寺さんの都合で毎月お参りすることができない、といった場合に、檀家寺とご縁のある別のお寺さんのご縁を借りて檀家寺の代わりに参詣《さんけい》することです。

紹介といえばそれまでですが、もともとあったご縁を借りるのです。つまり「とりあえず」、数年はこのご縁をいただくということなのです。

私事ですが、お寺では原稿を書く場所がありません。電話がかかってくると、原稿書きを中断して、出ないといけません。食事の用意もあります。なかなか原稿に集中できないのです。

そこで思い切って、賃貸マンションを借りることにしました。

寺の者から「資産運用に買ったら?」と言われたのですが、永遠にマンションを使うかというと不明です。いずれお寺にべったり居座らなければならない時もくるでしょう。どういう状況になるかはわかりません。子どもさんがおられる方は、環境、状況によって引っ越すこともあると思います。そういうことを考えると、賃貸は気楽だなと思います。

縁をその時、借りるというのもいいかもしれませんね。持ち家にはない、気楽な人生を過ごすための発想です。

⑯物を大切にする――それは、人を大切にするということ

使い切るのは難しい

先日、ある方から松坂牛のお肉をいただきました。

さっそく台所で料理をしていると、家族の者からこんなことを言われました。

「そのお肉、全部使い切ってね」

それは私の「使い切れない性格」を知っての指摘でした。私としては量が多いというのと、一気にいただくのはもったいないので、冷凍して残しておこうかなと思っていたのです。

ほかのことでもそうです。

講演など人前で仕事をする機会が多いこともあり、ファンデーションには気を使いま

す。ある時思い切って、いつもの倍くらいするファンデーションを購入しました。

それから半分くらい使い終わった時、友人から教えられました。

「値段はそこそこで艶《つや》の出るファンデーションの新商品が出ているのよ」

さっそくその商品を購入し、そちらに切り替えました。女性は、この「新商品」という言葉に弱いものですよね。

前の商品が残っているのに、新しい物を開けてしまう。ほかに気持ちがいくのは仕方がないにしても、結局、前のファンデーションは季節が変わり（冬と夏は別のファンデーションを使います）、使えなくなりました。


この癖《くせ》はどうしたら直せるのでしょうか。

本来はなんでもないはずです。今使っている物を使い切るまで、新しい物を買わなければいいのですから。

私にとって、転ばぬ先の杖のような発想はいつもありました。何があるかわからないので、「とりあえず」取っておこうというのです。

東日本大震災で、私のこの癖は一層、強くなりました。でも一方で、たくさん購入して取っておくというのは違う、と気づかせてもらいました。

今は物が大量に存在し、あまりに簡単に買ったり捨てたりできる時代です。さらにメディア、雑誌、ネットには、今持っている物はすでに古いと思わせる、買い替え欲求を触発する仕掛けが満載です。

ある人はおっしゃいます。

「消費がなくなると、経済が停滞してしまうから困る」

しかし、産業が完全になくなることはありません。むしろ困るのは、人間の心から一つの物を大切にする気持ちがなくなることです。経済最優先で便利な社会を作ろうという発想も考えものなのです。

「転ばぬ先」のためにもう一つ購入しておこうという発想は、今使っている物に背中を向けているということです。

買った物は大切に使い切ることが第一です。それは生産者への感謝の気持ちでもあるのです。

使い切れない物はどうする？

物を大切にするということは、人を大切にすることです。人を大切にできない人は、物も大切にできません。なぜならその人が気持ちを込めて渡したものも、ありがたく思えないからです。

いただいた松坂牛を調理して、家族で合掌していただきました。余ったお肉は、一人暮らしをしている友人宅に持っていき、おすそ分け。お陰で友人と一杯飲みながら語り合う時間をいただきました。

そのことを松坂牛をくださった方に画像を添えて、お礼のメールで伝えました。そのメールに大層喜んで「今度、お肉屋さんにも伝えておくね」と返信がきたのです。

ほとんどのお宅で、家の中に一生かかっても使い切れないくらいの物があると思います。

まずは使い切ってくれそうな人に託すのがいいと思うのです。幸い、今はそれに適した仕組みが整備されています。需要があるところに寄贈したり、オークションやフリーマーケットに出品する方法もあります。

身の回りの物を整理していくということは大切ですね。同じ機能のものが複数あることに気づかせていただけるのです。

辛いのは、思い出があって手放すことができない物。

私は専用の箱を用意して、「祖母の輪袈裟《わげさ》。命がけでお寺を守ってくれた」というメッセージを書いて保管しています。私が死んだ時、一人でもいい、誰かに読んでいただけたらなと思っています。

⑰見栄で生きるのをやめる――シックな魅力が生まれてくる

本当の価値とは？

先日、喫茶店でコーヒーをいただいていると、隣では女性の団体が何やら盛り上がっていました。

「そのスーツ素敵ね！　〇〇じゃないの？」

とブランドの名前を口にしていました。

「そうなのよ！　さすがよくわかるわね」

さらに別の女性が言います。

「〇〇と胸にネームが書いてないからわからなかったわ」

つまりブランドだとわかる格好がいいようです。

せっかくゆったりした空間でお茶をしているのに、大きな声を出して……と思っていたら、今度は一斉に化粧直しが始まりました。

残念な光景でした。なぜならブランドを着ているからお洒落という感覚で話をしているからです。

当然、ブランドにはそれ相応の歴史があります。それは素晴らしいことです。しかし、高価な物を身につける人がお洒落という保証はどこにもありません。

人間の魅力はどこで生まれるのでしょうか。

私の20代はまさにバブルの時代でした。好景気で誰もが浮《うわ》ついていた時代です。肩パットの入った原色の服が流行り、ブランドバッグやハイヒール、通勤着もチープな服は着ていなかったと思います。毛皮を何枚も購入する友人もいました。とにかく高い物が飛ぶように売れた時代です。

しかし、バブル崩壊後、金の切れ目が縁の切れ目で、お金だけでつながっていた関係は何の意味も持たなくなりました。

先日、友人がバブル期に購入した服をリサイクルショップに持っていったそうです。一着何十万もしたスーツ、毛皮など計50点も出して換金されたのは、なんと１００円だったそうです。

友人がぼやいていました。

「これじゃ、缶コーヒーも買えない。あの時代は欲しい物がなんでも手に入ったし、男性は必ずおごってくれた。私がタンスにため込んだ高級品は何だったの？」

バブル崩壊は、現代人にとって必要な冷却期間だったような気がします。何が大切なのかを冷静になって考え、人間らしい生き方を回復させる必要性を教えてくれたのではないでしょうか。

その結果、「本当に価値あるもの」だけが今に残っている気がするのです。その価値とは高価ということではなく、人とのつながりです。

人間はいくらきらびやかな衣装を着ても、豪遊しても、それらはごまかしでしかありません。老、病、死は避けられないのです。服や宝石を持っては死ねません。

もう一度、バブル期がこないのか？　とおっしゃる方がいますが、過去の甘い蜜《みつ》を待ち望むのではなく、私たちの価値観を一気に転換していく時期なのかもしれません。

シックに生きよう

今は、いかに派手に装うかではなく、新たに「シック」に生きることが問われている気がします。

「あの人、シックに着こなせているわね」と言ったりしますよね。シックとは、「上品で洗練されているさま」という意味ですが、本来の「品」とはどういうことでしょうか。

実は「品」というのは仏教用語なのです。『観無量寿経《かんむりょうじゅきょう》』という経典にある言葉で、浄土に往生《おうじょう》する者を、その生き方に応じて、上品《じょうぼん》、中品《ちゅうぼん》・下品《げぼん》に分けたところからきています。

外見に気を使い、優雅な暮らしをする人が上品とは限りません。

本当に上品な人は、すべての命を大切にして生き、欲に流されず、どこまでも自分の本質を冷静に見られる人のことです。自己判断では自分のことはわかりません。仏教の教えを鏡として、自分のことを知らせていただける人になること。それを上品といいます。

現代は経済効率を優先する風潮があります。命までもが経済的価値で測られるようになっています。

お互いに傷つけ合う生き方は、まさに下品そのものではないでしょうか。

アンデルセン童話に「裸の王様」というお話がありましたね。新しい服を着ることが大好きでみんなから羨ましがられたかった王様が主人公のお話です。王様は見えない布（本当は布なんてどこにもないのですが……）で作られた洋服を着ます。王様も本当はその布が見えなかったのですが、意地や見栄、見えないことへの恐怖心から、見えるように振る舞ってしまうのです。周囲も、裸の王様に対していかにも豪華な衣装を身につけていると嘘をつきます。

私たちも「裸の王様」と同じ生き方をしていないでしょうか。自分はもともと裸なんだと知った時点で意地や見栄から解放されるのです。

意地や見栄をもって生きていないか？

着ている服が自分に似合っているのか？

豪華な服や宝石を身につけることで小さな自分を見せないようにしてはいないか？

そういう自分と向き合う勇気を持ちたいものですね。

そうした自覚を持って、身につける物を減らすと楽になれると思います。減らすことで「一つに気持ちが治まる」からです。

あちらこちらに物を身につけていると、気持ちも分散します。このこと一つにきらりと光る粋《いき》がシックに生きるということなのでしょう。

私は法話や講演の時には、無地の着物の上に衣《ころも》と袈裟《けさ》、お念珠を身につけます。金属は一切身につけません。懐中時計を身につけるくらいです。法話が終わると、衣と袈裟は風呂敷に入れ、着物姿で移動します。これが妙慶スタイルになりました。一つのスタイルを決めると、気持ちまで引き締まるようになったのです。

皆さんも「粋を持てる上品な着こなし」を目指しませんか。つまりシックに生きるということです。

高価な物に人間の価値を見出すのではなく、むしろチープ（安価）でシックに生きることは、すべての見栄や固まった価値観から解放されて、生き方も変わることでしょう。

何もないところに本物が生まれます。

シックに生きる中に粋がにじみ出るのです。

第4章

〈軽やかな人間関係の基本〉
求めない、期待しない、心に尋ねる

⑱格好をつけるのをやめる——五感が取り戻されていく

すべては縁によってもたらされている

最近、「あーしんどいな」と思うことはありませんか？　体力だけではない、心が悲鳴を上げているのかもしれません。それは無理をして生きている証拠。

そもそも「無理」というのは「理」が「無」いと書きます。道理に合わないことをしてしまうということです。

私たちには「煩悩」がありますから、自分の思いどおりにならないといら立ち、苦しむのです。ですから何かに「祈る」ことで、奇跡が起き、特別なことがあってほしいと願うのです。

残念ながら、仏教に奇跡はありません。代わりに、縁起ということを教えてくれます。

すべてのものは、たくさんの因が縁《よ》った（集まった）結果に生起《せいき》しているという意味です。

たとえば、あなたが生まれたのは父と母がいたからです。象さんと鳥さんから生まれたのではありませんね。それが「因」です。それを、煩悩を抱えた感情でもって納得しようとすると、「あんなのは親ではない」「別に産んでくれと頼んだ覚えはない」と怒りを出して人生そのものを嘆くのです。

しかし事実は変えられません。また、ご縁によってあなたはいるのです。ご縁とは目に見えない関係性のことです。その中に私という命の存在があるのです。今の仕事も出会いもすべて「縁」です。病気になったのもさまざまな要素が重なってできたことなのです。

すなわち、因があって果がある、果があることは因があるという「因果の法則」の中ですべては成り立っているのです。

因がないのに果が表れることを奇跡といって、仏教ではそれを認めません。

コップの水も上から下へ落ちます。下から上がるということはあり得ませんね。どれほど理屈をつけても、何かの力に頼っても変えることはできないのです。

私たちの人生でもそうですね。格好をつけたり、強がりを言っているけど、それは皆、自分の姿を見ようとしない、ごまかしなのです。

怠《なま》けることはよくないことか？

先日、「妙慶さんは明るくいい人」と褒めてくださる方がいました。ありがたい言葉なのですが、しんどい時もつい笑顔を出してしまいます。


なぜ無理をするのでしょうか。

それは「何かを恐れている」のかもしれません。「嫌われたくない」「意外にたいした人でもないなと思われたらどうしようか」「優しい妙慶さんと思われたい」という、格好をつけたい自分があるのですね。

それは不安の表れなのでしょう。「嫌われたくない」という不安が心の奥底にあると、自分のいいイメージをつくるために必要以上の力を入れてしまうのですね。

また、アクティブに動くことは「いいこと」というイメージを持ちすぎているのかもしれません。すると「何もしない自分」は許せず、皆の役に立つ自分は当たり前と思ってしまうのです。

だから無理をして、いいイメージを与えることに必死になるのです。

休日はボーっとしたらいいのに、何もしない人は世間から置いてきぼりという不安が出てきて「何かをしなくては！」と思ってしまうのです。

できない弱い自分が認められないのです。

しかし、体は自然の摂理の中で生きています。「休みたい」と言っているのです。正直なのです。それなのに、心が「休むこと、怠けることはよくない」と思い込んでいるのです。

当然、心と体のバランスを崩し、限界を感じてしまうはずです。

無理をしてしまうということは、自分の力でどうにかならないかと思っているということです。力任せではない、回復力をいただきましょう。

そのためには自分が持っている感覚を取り戻しませんか。

大事なことは五感が教えてくれる

お寺やお内仏《ないぶつ》（仏壇）の給仕《きゅうじ》は、正しいお荘厳《しょうごん》（おかざり）から始まります。

これは、私たちの五感に応ずるように表現したものです。だから、阿弥陀さまや御先祖さまに供えるだけではなく、同時に「今の私を回復する」という大切なお勤めなのです。

では、五感とは何か、一つ一つおさらいしていきます。

一つ目は「眼《げん》」です。

それに応ずる行為がお花を生けるということ。仏花《ぶっか》は仏さまのほうではなくて、私たちに向けられます。それは仏にお供えしているだけではなく、この私に向けられているのです。

色とりどりの花があるように、人間もさまざまな人が生きていることを学び、命の尊厳をいただくのです。

二つ目は「鼻《び》」です。

「鼻」に応じたのが線香や焼香です。私はお香が大好きです。出張の際、ホテルへ泊まることが多いのですが、ホテルの方が許可してくださったら、部屋でお香をたきます。本堂に入ると皆さん「いい香り」とおっしゃいますが、お香は毎日のことですので柱にしみついているのです。

煙たい人ではなく、香り漂う人になりたいですね。

三つ目は「舌《ぜつ》」です。

舌といえば「味」ですね。お仏飯《ぶっぱん》は必ずお供えします。また、お菓子などもまずはお供えし、お下がりものとして私たちがいただきます。

それと同じように、どんな人の言葉も「味わって」聞くことが大切です。

四つ目は「身《しん》」です。

これは「お灯明《とうみょう》」に関係します。灯りがあるから私たちは歩くことも、仕事もできるのです。また暗闇の中を照らしてくれる灯りに、私たちはほっとしますね。この身をいつまでも照らしてくださいます。

五つ目が「耳《に》」です。

この耳でどんなことも聞いていきなさいということです。お経は声に出していただきます。誰かに聞かせてやっているということではありません。一番近くの耳で聞いているのはこの私です。お経の中身を耳で聞いていく。

ですから、どんな人の言葉も聞いていきましょう。

天気予報がない時代には、人々は五感を頼りに生きていました。身体で風の向きを見て、風を身体で感じ、この鼻で深呼吸し、空や山や大地の声を聞いてきたのです。そして自分の身体にも向き合っていたのです。

ネットや機械に頼るだけではなく、自分の五感を取り戻し、体の力を抜いていきませんか。

無理をしているな！　と思ったら休みましょう。
力が入っているな！　と思ったら緩《ゆる》めましょう。
この緩急自在な心こそ、自分の五感を錆《さ》びつかせないために大切なことです。

⑲自我の思いを離れる――原因の追及よりも、結果を受け止める

「自我の思い」が苦しみを生む

ある方がおっしゃった、こんな言葉が印象的でした。

「私たち夫婦が30年間も生活できた理由は、真剣に討論しなかったからです」

どういうことでしょうか？

夫婦関係を深めたいと思えば、本音で語り合い、日々何を思っているのかを確かめ合いたいものです。しかし、本音で語るということは、聞きたくもないことまでも聞いてしまい、それが怒りへと変わり、けんかに発展する可能性があります。

なぜけんかになるのでしょうか？

それは期待していたことが裏切られたからです。

「私はあなたにとって良い妻かな？」と聞いたとします。すると相手が「わからない」と答えたとします。こちらとしては、「君は本当によくやってくれた」という返事を期待するのですが、そうではない返事が返ってくる。すると「私なりに一生懸命にやってきたのがわからないの！」という怒りに変わる。そして、「こんな鈍感な人と今まで一緒に暮らしてきたのか！」と腹が立つのです。


人間はなぜ悩むのでしょうか？

それは「思う」という行為をするからです。人間だけが「思う」のです。

猫や犬が頭を抱えて思い悩んでいる姿を見たことがありますか？　ないと思います。

それは、彼らは自分が死ぬということを意識していないからです。ただ目の前の出来事を本能だけで生きているからです。

しかし、人間だけは「私はあと何年生きられるのか？」「この先何があるのか？」と考えて、思いを巡らせるのです。

その思いは「後悔」にもつながっていきます。

「なぜこうなったの？」「あの時、断っておけばよかった」と過去に思いをはせ、悩むのです。

真宗の教えは、原因の追及ではなく、すでに起こってしまった結果をどう受け止めるかということを大切にします。それは、その背後にある、私という人間の姿そのものを見つめるのが目的です。

なぜなら、起こってしまった事実は変えられないからです。どれほど「原因を追及」しても１分前のことは取り戻せません。そうではなく、そのうえに立って今を生きなければならないのです。

私たちは「自我」をよりどころにして生きようとします。

なぜなら自分ほど大切な人はいないからです。

「あなたのためにがんばってきたのよ」と言ったとします。

建前では「愛する夫（妻）、子ども、親のために」と言いながら、その根っこにあるのはやはり、自分の思いどおりにしたいという「思い」なのです。それが自我の思いなのです。

その自我の思いが裏切られたとき「こんなはずではなかった」と愚痴と怒りが出てくるのです。

阿弥陀さまは「いつも思いどおりにはいかないぞ」とおっしゃっているのです。自我の思いに縛られていると、がんばることだけに気を取られてしまい、本当の声が聞こえないのです。

原因と結果の法則

『大無量寿経』の中に「五つの眼《め》」の教えがあります。

一つ目は「肉眼《にくげん》」です。この眼は外に向けられています。その眼でもって私たちは判断しながら生きているのです。

二つ目は「天眼《てんげん》」です。天から物事を見渡せる眼のことです。今の目線から高く物事を見ていく、つまり経験によって見えてくる眼があることを教えてくれます。何事も積み重ねなのです。

三つ目は「法眼《ほうげん》」です。これは、物の道理を見抜く眼です。道理とは「因」「縁」「果」をしっかり知りましょうということです。私がこうして生まれたのは、父母がいて（因）こそ、父母のご縁があって生まれた（結果）のです。その物事の道理を知らないと苦しむことになります。

「産んでくれと頼んだ覚えはない」というセリフをよく聞きますが、道理を知らない言葉ですね。

今の事実に向き合う勇気を持つ

道理を突き詰めていると、たとえば男女関係の場合には、「私はなぜあの人に裏切られたの？」と原因を追及したくなります。しかし、周りには魅力的な異性がいます（因）。そこにきっかけ（縁）があれば、接近したり、お話もしたいと思ってしまうのが人情なのです。

人間には煩悩があります。今日の考えと明日の考えは違います。この心をコントロールはできないのです。「なぜ？　なぜ？」ではなく、裏切られた時にこそ「これが人間なんだな。では煩悩を抱えた人間とどう向き合えばいいのか？」とお互いに工夫することです。

自分も「魅力ある人間とは何か？」を問い、成長していくしかないのです。

私も日々、思いどおりにならないことで悩みます。そんな時は「南無阿弥陀仏」と称えています。「南無阿弥陀仏」と称えることで、自我を持っている私の心が「どうでもいいや」と解放されるのです。

あとは、阿弥陀さまの智慧（我が身を照らす教え）によって自我の心から解放されていくのです。

「あっ、今まで気づかなかった。そしていつでも自分の思いどおりになるとは限らないのだな。ああ、そうなのか、こういうことでしたか。南無阿弥陀仏」

病気になった時、「なぜ私が病気なの？」と原因を追及するのではなく、「生まれたということは病気にもなるということだ」と納得する。ガンになったからといって後悔してもどうしようもないのです。

なってしまったのは誰のせいでもないのです。まして祟《たた》りとか、自業自得ではないのです。

交通事故に遭ったら、その時に、たまたま交通事故に遭っただけのこと。「もう1分遅ければ遭わなかったかもしれない」と悔やんでも仕方がないのです。遭遇してしまったわけですから、どう治療をしていくかを考えたほうがいいのです。

どうか、今の事実に向き合う勇気を持ってください。しっかり目の前のことに向き合う「眼」をいただきましょう。

それが四つ目の「慧眼《えげん》」です。

阿弥陀さまの眼をいただき、真実なるものを見せていただくのです。

そして五つ目は「仏眼《ぶつげん》」です。

外の状況と内なる心をしっかり見ていきましょう。仏さまの眼は「半眼《はんがん》」です。ぱっちり開いた目で原因を追及するのではなく、半分水に流しておられるのです。

自分の心の内側をしっかり見ながら、「仏さまに見守られているので、なんとかなる」そんな気持ちで生きていきませんか。

自我の思いから離れてみるとうまくいきますよ。

⑳友人は多さではなく、深さ――それは心の大きな支えになる

友達って何だろう

先日、あるご住職とお酒を飲んでいた時、こんな質問をしてみました。

「ご住職には親友はおられますか？」

すると、こんな答えが返ってきました。

「1人いるよ！　でも、もう10年も連絡をとっていないかな」

10年も会話を交わさない関係が友達なのか？　私にとって新鮮な答えでした。

友達というものは不思議ですね。幼《おさな》友達であると、お互いの成長の過程を知っています。つまり何もできなかったころの自分を知っているのです。

一方、大人になり、仕事でできた関係の人は、今持ち合わせている能力しか知りません。

友達っていったい何でしょうか？

私にももう30年も付き合いのある友人がいます。お互いに仕事や恋愛のことでいつも語り合う間柄です。彼女が企画した仕事でお声がけいただくこともありますし、いつも皆さんには「妙慶さんは私の親友です」と紹介してくれます。

彼女はアイディアウーマンで、いつも積極的に企画の仕事をします。お互いにパーソナリティを目指した仲間でしたから、その仕事に就けなかった思いを、今の仕事に託しているのだと見守っていました。

私には「仏教徒として親鸞さんの教えを学ぶね」と言いますが、SNSには「心理学を学んでいます。○○先生を尊敬しています」と投稿しています。いろんなことにチャレンジする好奇心がいっぱいの人だなと思っていました。

ある日メールがきました。

「京都に行くのでこの日、空けててね」

私は彼女との会話が楽しみで、すぐに「ＯＫ」の返事を出しました。

３日経ったある日、またメールがきました。

「この日は仕事が忙しくなりそうで、やはりなしにしてくれる？　また会いましょう」

私は「了解しました」と返事をしました。するとまた、３日経ちまたメールがきました。

「やはり会いましょう。ホテルも予約したので宿泊しましょう」

私は「ごめんなさい。宿泊はできないので夕食でもどう？」と返事をしました。

「尊敬する方にホテルの予約を頼んだのよ！　だったら妙慶さんは一人で夕食してね。

私は親友を誘って宿泊します」

これが彼女からの返信でした。

しばらく経ち、彼女のブログを見ると「裏切られた」と書かれていました。

きっと私のことなのかな？　と思ったのですが、不思議と微笑みながらブログを読ませていただいたのです。

腹が立つということは、私と会いたいと心から思ってくれた証拠です。しかし、会えなかった悔しさ、その腹いせが「私にもほかに友達はいるのよ！」という文句だったのでしょう。

彼女とどう付き合ったらいいのか？　私は、自分自身の正直な胸のうちを聞いてみました。「もうしばらく会うことはないけど、友達なんだな」と聞こえてきました。

私は彼女の感情に振り回されることが辛かったのです。もっと静かに行動してほしいと思っていたのですが、彼女はいつも気分でメールをくれました。そのことに返信するのが「しんどいな」と感じたのです。

私の決断は「お互いが自由になろう」でした。

今までは彼女を怒らせたくない、失いたくない、というのが私でした。それは私の不安の表れなのです。

彼女はアイディアウーマンですから、話をしながら、私の仕事にも生かそうと考えていたのです。しかし彼女が「やはり仏教よね」と言いながら、本心は「仏教は建前で、心理学のほうが楽しい」と思っている心も見えていました。

私も心理学から学ぶこともありますので、勇気を持って私にもそういう話をしてほしいと思ったのです。

たった一人でいい。語り合える友を持つ

親鸞聖人は「朋《とも》」という言葉を大切にされました。本願を信じ、念仏している人々を御同朋《おんどうぼう》と呼ばれたからです。では、信じない人は「朋」ではないのか？　と疑問が出ます。そうではなく、「信じられない！」と反発する人も大切な「朋」なのです。

『歎異抄』に出てくる有名な言葉があります。弟子の唯円《ゆいえん》が、親鸞聖人にこんなことをお尋ねしたのです。

念仏を称えても、喜ぶ心が起きません。また、早く浄土へ行きたいという心もありません。どうしてでしょうか？

親鸞聖人は答えました。


親鸞もこの不審ありつるに、唯円房、同じ心にてありけり

どういうことかというと「唯円房、おまえもか！　実はこの私もなんだ」とおっしゃ

ったのです。

悟ったと思われる師に対し、唯円は恐る恐る「私はあなたのようにはどうしても喜べないのです」と素直に自分の心のうちを吐き出したのです。きっと怒られると思ったのが「私も一緒だ」とおっしゃった。唯円は号泣したといいます。


同朋・同行ということは、私があなたに教えてあげるという上下関係ではなく、師の教えを共に聞き、その教えを生活のよりどころとして生きる人のことなのです。

親鸞聖人は法然上人を師とし、その教えを伝えてくださった歴代の僧侶、そしてお釈迦さまの教えを一つのつながりでもって聞かれたのです。

しかし、頭で理解しようと思っても、この身が喜べないのです。お念仏で喜べない自分に苦しんでいたのです。その問題を唯円が素直に吐き出した。

「私もそうなんだ！　仲間だ」と立場を同じにされたのです。


さて、私には1日に2度メールし合う朋友《ほうゆう》がいます。遠くに住む男性僧侶です。怪しい関係ではありません（笑）。

彼は盲目《もうもく》です。光を感じることができません。世間で見た風景、状況の話を私がメールでお伝えします。その中から日々感じたこと、疑問に思ったことを投げかけ合い、単なる感情のぶつけ合いではなく、こんな時、「親鸞聖人ならなんとおっしゃるかな？」と確認しているのです。彼は内観《ないかん》しながら鋭く、「妙慶さん、自我でいきなさんな」と指摘してくれます。ありがたいことです。

私はいつも彼に「朋友よ！　生きているか？」という決め言葉をメールします。彼からくる最後の一文はいつも決まっています。

「朋友よ！　こんな僕にいつも励ましのメールをありがとう」

たった一人でもいいのです。こんな言葉がかけられる朋がいたら。

この立場を同じにすることが、友情の証なのでしょうね。友の多さではなく、語り合える友を持つことが、人生を豊かにしていきます。

㉑無理な付き合いはやめる――するとストレスが消えていく

「違い」を認めると敵はいなくなる

10代から20代のころの私は、1人でも多くの友達をつくろうと必死でした。多くの友人がいることで自分の存在価値が高まると思い込んでいたのです。

その友達の中でも付き合いやすい人、付き合いにくい人がいます。「この人、嫌だな」と思うのですが、なぜか嫌な人にだけ機嫌をとろうとする私がいました。そんな人とは付き合わなければいいのに、逆にプレゼントを贈ったり、機嫌をとったり……。

今、こうして仏教の教えをいただき、昔の私を振り返るとよくわかります。私自身の家族がつながれていない寂しさが、私をそうさせていたのです。寂しさを満たすため、せめて友達をつくることで、安心したかったのでしょう。

では、嫌いという感情はなぜ起こるのでしょうか？

それは「自分と違う人は不愉快」と思うからです。普通だったら「ありがとう」くらいは言ってくれてもいいのに、この人は感謝の気持ちも言えない嫌な人となるのです。しかし、その人は心で感謝していますが、恥ずかしくて言葉には出せないのかもしれません。それほどありがたいとも思っていない人もいます。それぞれの感覚なのです。

それを自分の価値観に合わせようとしているのは「私」なのです。

真宗大谷派がテーマとして挙げている言葉は「バラバラでいっしょ――差異（違い）をみとめる世界の発見」（蓮如《れんにょ》上人５００回御遠忌《おんき》テーマ）でした。

相手に「違うだろ！」と怒りを向けると対立が起きます。その対立から下りて、違いを認め合うということがどれほど尊いものなのかを学ばせていただきました。

他者との違いを認めつつ、違いを受け入れると敵はいなくなる。「敵対から無敵へ」変換されていくのです。

私は師からこう教わりました。

「嫌な人に向かっていく必要はありません。嫌な行為を見たら、『こんなことは、よくないよな！』と悲しめばいいのです。そのことを教えてくれた嫌な人も師だと思えばいいのです。だから敬いましょう。しかし、無理して付き合うとこちらの身が持ちません。その時は距離を持ちましょう。敬って遠ざかればいいのです」

肩の荷がすっと取れたようでした。

嫌な人と付き合うことがどれほどストレスになるのか、今ならよくわかります。

結局、無理してしまうことで、ストレスがたまっていたのです。無理をしない。自分を殺してまで相手のいいなりになることはないのです。

「嫌いな人のいいなりにならない。近づきすぎない。けんかはしない」

これでやっていきましょう。

㉒相手の心に尋ねる――人と深いつながりが生まれる

心を通わせることで、関係性が生まれる

私は20代のころ、大学の授業の一環でマナー教室を受講しました。京都には茶道、華道のお家元があります。冷泉《れいぜい》家など和の文化に精通した師に行儀、作法を学んだことは私の財産です。そのわりには行儀は今一つですが（笑）。

ある時、一緒にお稽古に通っていた友人とこんな会話をしました。

「このマナー教室は花嫁修業だよね。最高のお婿さんを見つけようね」

「そう簡単には見つからないだろうけど、お稽古を通じて、人生も学べるからいいよね」

「そんな甘い考えではダメよ。女は好かれて良い結婚ができてこそ幸せになるのよ。そのために見た目も美しくなりましょう」

彼女は張り切っています。確かに「美意識」が高く輝いていています。ですから私は、彼女に「キラキラちゃん」というあだ名をつけていました(笑)。

しかし、私はキラキラちゃんの感覚には違和感がありました。

好かれてこそ幸せになるというのなら、好かれない人は不幸せなのか？　さらには、好かれて結婚できたとしても、その人を好きになれなくなった時、この私はどうなるのか？　いろんな考えがめぐったものです。


さて、キラキラちゃんは27歳で資産家の息子さんと結婚しました。来賓《らいひん》のあまりの多さにびっくりしたものです。よく見ると新郎側の関係者ばかりが出席しています。皆さんに祝福された彼女は最高の笑顔でした。

結婚した途端、彼女の様子は一変します。

久しぶりに会った時、キラキラちゃんの面影はなく、輝きは薄れ、微塵《みじん》の光も感じられません。

「どうしたの？」

「はっきり言ってつまらない。家族の中では会話さえもないの。頼まれることが多くてまるで家政婦みたい。夫との会話も面白くないし。何のための結婚だったのかしら？」

彼女はそう嘆きました。

好かれてこそ幸せ。

キラキラちゃんは、礼儀も嗜《たしな》みも申し分ないと相手に好かれて結婚したのですが、家族の中では作法だけではなく、心を通わせるということも必要です。しかし、心を通わせることができない関係になってしまっていたのです。

まず自分が相手のことを好きになれないと、相手とは通じ合えません。彼女は好かれることに一生懸命で、自分の心を開くことができなかったのです。

今の生活や仕事が「つまらない」とぼやくのは、なぜでしょうか？

それは相手に求めていることが期待どおりに返ってこないからです。もっといい会社だと思っていた。人間関係にも恵まれると思っていた。いい子でいると、皆にも好かれると思っていた。しかし、そうではないことに気づいてしまったのです。

しかし、○○家がすべて彼女を守るわけではありません。○○家に住む、人間一人一人が違う感覚で生きているのです。その違う人間と向き合って、心を通わせる中で関係性が生まれる。そこから助け合う気持ちが芽生える。これが結婚のあるべき形だと私は思っています。

仕事もそうです。決して一人でできる仕事なんてありません。親切に指導してくれる先輩もいれば、平気で人前で怒る先輩もいるでしょう。「この人は何もしてくれない」ではなく、そういう人から学んで「私であればこんな説明をするなあ」と相手を超える感性を磨く機会にするのです。

日々、一生懸命に「動く」

別の友人の話をします。

彼女は結婚して20年。早くに実の両親を亡くしたので、同居している義父母を本当の親のように慕い、接していたそうです。

ところが、お義母《かあ》さんが認知症になり、ある日、彼女に向かって叫んだそうです。

「泥棒！　なぜ私の家に上がっているの！　警察を呼ぶよ」

とっさのことに彼女は驚きを隠せません。

「お義母さん、嫁の智子ですよ」

いくら彼女が説明してもダメ。

「きゃーっ！　知らない人が！　泥棒！」

お義母さんは叫ぶばかりです。急いで夫に電話し、お義母さんを説得してもらいました。ようやくお義母さんは落ち着きましたが、彼女のことを思い出すことはありませんでした。

「今までの親子関係は何だったの？　感謝されることなくこれからお世話しなければならないの？」

彼女はそう嘆きました。

そんな彼女に私は伝えました。

「お義母さんはある記憶がなくなっただけだよ。だから病気なんだと思う。記憶が飛んだ病気だと思って、向き合っていくしかない。認知症になっても、お義母さんだと思って向き合う。感謝なんかあとからついてくるから」

その後も彼女は、彼女なりに一生懸命、お義母さんのお世話をしたそうです。

そんなある日のこと。

「あなたは親切な人だね。こんな私にありがとう。でもね、もっと優しい人がいたんだよ」

突然、お義母さんが話し始めました。彼女は「どなたですか？」と聞いてみました。

「うちの嫁なんだよ。それは優しい子でね。何一つ文句言わず優しく接してくれたんだよ」

彼女は泣けて泣けて仕方なかったそうです。

「え？　お義母さまは私のことをそういうふうに感じておられたんだ」

さらに彼女は聞きました。

「そのお嫁さんは、今どうしておられるのですか？」

「嫁は死にました。お浄土に還りました。だから毎日、お念仏を称えてあの子と出会っているんですよ」


してくれない！　と求めるのではなく、日々一生懸命に動く。そうすれば、心を開く発見があります。

友人も、感謝され、認められたいという気持ちを捨て、目の前の人と接することだけに心を傾けた。そこには深い「つながり」ができていたのです。

先日、私はキラキラちゃんに「どうしてる？」とメールをしました。そして友人のことをお伝えしたのです。

これがキラキラちゃんからの返信です。

「心配してくれてありがとう。妙慶さん！　もうこの年でキラキラはありませんが、そのままの素材を生かして家族と接していきますね」

心を開く。それは相手の心に尋ねるという意味があります。それは次の項を読んでいただけるとさらによくわかるでしょう。

㉓心の奥底の声を聞く――人の話を聴ける器とは

「喜び」と「慶び」の違いとは？

あなたにとって「喜び」とは何ですか？

私の場合は、何か楽しいことがあった時、うれしいことがあった時が喜びとなります。たとえば、応援しているチームが優勝したとか、免許や資格が取れたことも喜びです。うれしいことが喜びなのですが、よく考えてみるとそれは個人的な、自分だけの喜びです。私が喜べても他人は喜べないこともある。私が喜ぶ中で悲しんでいる人もいるのです。

個人の満足が本当の喜びでしょうか。残念ながらそのような喜びは、必ず崩れます。親鸞聖人がおっしゃった喜びは、個人的な感情の喜びではありません。

「教えをいただき、本当の私に気がつけた喜び」なのです。私が喜ばせていただくことを通じて、多くの方が一緒に喜んでいただくことのできる喜びです。

そんな心の充実はどうして得られるのでしょうか。

私事ですが、妙慶というのは法名《ほうみょう》（仏弟子としての名前）です。「妙」という字を分解すると「少」「女」となることから、僧侶の隠語で少女、または寺のかこい女という意味もあります。またはいい、すぐれたという意味もあるそうです。「慶」は、親鸞聖人がお書きになったお聖教『正信偈《しょうしんげ》』の中にある「慶喜《きょうき》」という言葉からいただきました。親鸞聖人はおっしゃいます。

この信心をうるを慶喜といふなり。慶喜する人は、諸仏とひとしき人となづく。慶は、よろこぶといふ、信心を得てのちに、よろこぶなり。喜は、こころのうちに、よろこぶこころ絶えずして、常なるをいふ、うべきことを得てのちに、身にも心にも喜ぶこころなり。信心を得たる人をば、芬陀利華《ふんだりか》とのたまえり。

本当の喜びというのは、煩悩を満たす瞬間的な喜びではなく、永遠に変わることのない喜びだということを教えていただいているのです。身にも心にも喜ぶことができるのかという問いでもあります。しかし「慶」はさらに深く、うれしいことも苦しいことも、すべてご縁だと受け止めることができる、心の奥底からいただく「よろこび」のことです。そして、その喜びを得た人を、仏さまと同じように尊い「芬陀利華」と言うと教えていただいています。

「聴く」と「聞く」で慶びが得られる

その慶びはどうしたら得られるのでしょうか。私はよく「ご聴聞《ちょうもん》」という表現をします。どちらの漢字も「きく」なのですが、意味合いが違います。

「聴く」は、耳偏に、右側は十四の心と書くように、四方八方に耳を傾けて真剣に聴く、聞こえてくるということです。同時に、「聞く」は、聞きながら流しているところもあります。人間はすべてのことを聞いて覚えるということはできません。忘れることもあります。しかし、ある出来事をきっかけに、時間の経過で思い出すということがあります。

「そういえば亡き母があんなことを言っていたな」というのも、その時は面倒くさがって母を拒否していたつもりが、母の言葉は耳の底には残っていて、何かのきっかけで思い出したのです。これが「聞く」です。無意識に聞いた中に言葉が残っているのです。

すると改めて「言葉に出会う」という感動は心の奥底から湧き起こる慶びに変わるのです。

私たちは自分の存在を知ってもらいたいので、つい「伝える」というところに力を尽くします。

表現することも大切ですが、相手だって聞いてほしいのです。相手の慶びにつながるのは、「まずこちらが聞く」ということです。聞くことにより相手の心理がわかります。伝えるだけでは、こちらの情報を発信しているだけです。

聞くというのは、自分に都合のいいことだけを聞くことではありません。自分にとって受け入れられないことも聴いて、聞いていける「器」が大切です。

たとえば道に迷ったとします。

地元の方に道を尋ねて、こんな返事が返ってきたらどうしますか?

「方向が違いますよ。またそんな歩き方では、今日中にはたどり着けませんよ」

「余計なお世話だわ！　歩き方まで指示しないで！」と腹を立てるのか。

それとも、「この地域のことを知っているからこそ、その調子では目的地にたどり着けないことをお教えくださった。ありがとう」と思えるのかでは、大きな違いがあります。

自我を持って突き進もうとする自分を、教えをいただくことで見直すことができるのです。

教えをいただくとは、教えが鏡となって、今の私を映し出してくれること。自分だけがすぐれているといったおごりを離れて、本当の姿をお教えいただき、謙虚さを持つことができるのです。

「聞く」というのはただ情報を聞くのではなく、「相手の心に尋ねる」という意味があります。

「あんたなんか嫌い」と強い言葉を言われたとします。「嫌われた」と決めつけるのではなく、「どうしたの！　何があったの？　何がいけないの？　教えて」と相手の心の奥底に耳を傾け尋ねるのです。

すると「嫌いと言ってしまうくらい、あなたにわかってほしかった」という声が聞こえてくるのです。

お互いの奥底の声が聞こえた時、この慶びは替えがたい信頼関係になるのです。この人なら信じられる、と。

第5章 〈持たない生き方のヒント〉「今」をシンプルに生きる

㉔「これから」をどう生きるか――「これまでの人生」を決める鍵

反省と後悔

講演会のあとに必ずかけていただく言葉があります。

「妙慶さんのお話を聞いて、反省することばかりです」

「反省」とは、自分のよくなかった点を認めて、改めようと考える行為です。

これは大切なことです。自分の短所や、他人に迷惑をかけているところを改善するのか、過去の出来事をただの後悔として終わらせるのか、この二つには大きな違いがありますね。

失敗したことから学び、未来につなげるのが、反省です。

アナウンサー時代、多くの方をインタビューしました。

あるジャーナリストの方をインタビューした時のことです。収録が終わったあと、秘書に「僕のしゃべり、どうだった？」と聞いておられます。また、私にも「表現でおかしいところがあれば、何度でも収録に応じますのでおっしゃってくださいね」と声をかけてくださいました。

その都度、自分の行動を身近な人に聞いて、自分の言葉を確認し、振り返っているのです。

言葉に責任を感じておられる人なのだなと感心しました。

実はその方の言葉で気になったところがあったので、少しの間、ビデオを拝見しながら制作の方と相談したのです。

そこで思い切ってお伝えしました。

「少しだけ差別的なニュアンスのある言葉を使われていたことが気になりました。表現を変えたほうが誤解がないかもしれません」

すると、明るい声で、こんな言葉が返ってきました。

「川村さん！　ありがとう。指摘していただけなかったら、僕はまた同じことの繰り返しをしていました。気がつくきっかけをいただけた。ありがとう」

反省を感謝に変えておられるのだなと感じたものです。

一方で、「後悔」は過去の出来事をクヨクヨと引きずるので、自分を苦しめます。

この間、55歳になる女性から相談を受けました。

「先日、同窓会に行った時、友人の子どもは皆、大学生になったり、就職したり、立派に成長していました。私は医師である夫と小さなクリニックを経営していましたが、今思えばどれだけ忙しくても不妊治療（体外受精）の選択をしておけばよかった。そうすると今、私にも立派な子どもがいて、楽しみがあったはずなのに。あと10年早く気がつけばなんとかなったかも。後悔しても後悔しきれません」

彼女は、変えられない過去を、「ああすればよかった」「こうすれば……」と何度も繰り返し思い悩んでいます。

仏教では、十悪のうち一つがあると、人間らしさを失うと教えてくださいます。

①**殺生**《せっしょう》＝命あるものを殺す

②偸盗《ちゅうとう》＝盗み
③邪婬《じゃいん》＝相手が嫌がっているのにみだらな関係を求めること
④妄語《もうご》＝うそいつわり
⑤綺語《きご》＝まことでない飾った言葉
⑥悪口《あっく》＝汚いののしりの言葉
⑦両舌《りょうぜつ》＝人を仲違《たが》いさせる言葉
⑧貪欲《とんよく》＝むさぼり、我欲
⑨瞋恚《しんに》＝怒り
⑩愚痴《ぐち》＝愚かさ、真理に対する無知

彼女の心を乱しているのは、この10番目に当たる「愚痴」です。

愚痴とは「我執《がしゅう》」から生まれます。

人間は自分が正しいと思い込んでいます。その勝手な深い執着により、自分で自分の首を締めていることに気がついていません。

反省するか後悔するかで明暗が決まる

この女性は「10年前に不妊治療さえしていれば、子どもに恵まれた」と思い込んでいます。仮に子どもに恵まれたとしても、仲良しの親子になれたでしょうか？　もしかして親に迷惑をかけることがあれば、「あんな子ども、産まなければよかった」と後悔することになるかもしれません。自分の都合でいい想像だけをするから、後悔しているのです。

反省は、失敗から教訓を学んで、どうすればよかったかを導き出し、実行することで、過去の意味をよい方向に変えることができます。

一方、後悔は変わらない過去を嘆くだけで終わり、「自分は何もできなかった」「私はダメ人間だ」という思いを強めるだけです。

今、同じ事実をいただいているのに、反省と後悔で「感じ方が違う」のです。現実の受け取り方の違いで、今後の人生の明暗が分かれるのです。今からでも遅くありません。後悔を反省に変えて、新たな未来を築きませんか。

55歳の女性にはこうお伝えしました。

「あなたは最愛なる夫を支えてクリニックを経営してきました。立派な仕事です。不妊治療にまでは時間が費やせなかったけど、これからも一人一人の患者さんと向き合ってください。そして同窓会では『身体のことで不安があったら、いつでも相談してね』とサポートしてみてはどうでしょうか？　私たちは、すべて仏さまの子としてつながっているのですよ」

師から教えていただいた言葉です。

「これからが、これまでを決める」

これからあなたがどう生きるかにより、過去の意味が大きく転じてくるのです。

㉕損得勘定をやめる――本当のご利益《りやく》をいただける人

人間は損得勘定で動いてしまう

私の友人に占い師がいます。坊さんと占い師、人間観察ということでは共通しています。

どこで知り合ったかというと、仕事帰り、祇園《ぎおん》の店で軽く一杯していた時、同席になった彼女と意気投合したのです。

お話をしたら同い年、さらに彼女はぎっしり紙に書き込んだデータを見ながらこんなことを言ってくれました。

「私のお友達になってくださらない？　あなたと付き合うとパワーがいただけるの」

占いによると、彼女はパワーを持った人と付き合うことで運勢が上がるというのです。それが私だとか（笑）。

彼女のメリットはわかりますが、私はどんなことをしたら運勢がアップするのか？冗談交じりで聞いてみました。

「あなたは無駄なことであっても人のために奉仕すること。それがあなたの運勢を上げることになるから」

まるで私に良くしてね！　と都合よく言われているようです（笑）。


さて、人間は「損得勘定」を持っています。「いいことをすればやがて倍になって返ってくる」「今日は何もメリットがなかったな」というのがそうですね。それはあくまでも自分にとって得なのか、損なのかという「自分のモノサシ」ですべてを測っていることになります。

すると、思いどおりになれば満足ですが、思いどおりにならなければ、その結果として恨みや苦しみしか残らないのです。

「あんなに親切にしてやったのに」と愚痴しか出なくなるのです。


いつだったか、誰かの対談集を読んだ時、「自分教」とおっしゃっている方がおられました。

「誰も信じられない。信じられるのは私だけだ」という意味なのでしょう。

逆に考えると、「自分のことしか考えられない。狭い視野しか持っていない」ともとらえられますね。

もちろん、人間は我が身がかわいいですから、自分を大事にします。自分が辛い思いをしてまで誰かのために尽くすということは、時間の無駄なのでしょう。

就活している学生の言葉が印象的でした。

「いい企業へ就職するために、ボランティア活動をしなければならない」

ボランティアとして何かさせていただきたいのではなく、履歴書に書くための体験でしかないのですね。

これも言ってみれば、損得勘定です。

必要な面倒もある

さて、占い師の友人は「誰かのために積極的に動きなさい」と言いました。今思えば、それは貴重なアドバイスだったと納得せずにはおられません。

私が日々、取り組んでいることの一つがブログ「日替わり法話」です。始めてからもう20年以上になります。

ヤフーの人名検索で話題になったことから、悩みメールがくるようになりました。もちろん、お布施《ふせ》はいただいていません。無報酬です。

「なぜもっと早く返事をくれないのか?」と催促されたこともありました。そんな時、「こんなことをして何になるのかな?」と落ち込んだこともあります。

しかし、一人一人の悩みに向き合わせていただいて、私自身の人生が深くなったのです。私の想像を超える中で生活している人もおられ、どれほど深い悩みを抱えて苦しんでいるのかを知らされたのです。

このことが、こうして原稿を書くきっかけになったり、法話の時、皆さんの生きる指南にもなっていくのだと感じます。

また、私には僧侶としてだけではなく主婦の役割もあります。「原稿の締め切りで忙しく、こんな時、家事はしたくない」と思うのも本音です。

しかし台所に立って調理しながら、別の発想が生まれることがあります。机の上での発想、台所での発想、動き回っている時の発想、それぞれにいただけるのです。

「面倒だな！」ということが実は必要な面倒だったのですね。

本当のご利益とは？

中には「お坊さんにお願いをしたら幸せになる」「良いことがありますように」という損得勘定で相談にこられる方もおられます。

また、講演会のあとはひたすら握手を求めてくださるのですが、パワーをもらったという感覚の方もおられるようです。

しかし、いくらお坊さんと握手しても、帰り道で怪我をすることもありますし、雨に降られることもあります。人間関係でもめることもあります。

宗教にご利益を求めるのは、悪いことをなくして良いことだけがありますように！とお願いしているみたいなものです。

よく考えてみてください。たとえ願い事が一つ満たされても、生きていると必ず嫌なこと、苦しいことはまた訪れます。

一つの問題が解決したと思えば、また一つ問題が起こる。それが私たちの人生なのです。良き日だけを願って、一喜一憂するような人生からは、決して真の安らぎは生まれません。

ですから、私も握手を求められても「何もありませんよ」と笑顔で返します（笑）。

さて、本当のご利益は何だと思いますか？

都合よく幸せにしてもらうことではなく、たとえ辛い状況に遭遇しても、それを受け入れて、そこから立ち上がっていく勇気をいただくことがご利益なのです。

人生のすべてが学びの場

親鸞聖人は、「仏さまにこちらの願いを聞いてもらおうとするのではなく、自分が仏さまと向き合い、仏さまのお心（願い）をいただいて生きなさい」とおっしゃいました。凡夫の私たち以上に大きな願いで私たちを包み込んでくださっているのが、如来の本願（願い）なのです。

幸せの請求書を突きつけるのではなく、仏さまの願いをそのまま受け取る。領収書を差し出す人生が本当のご利益なのです。

私にとって無駄だと思ったことが、実は何も知らない私に教えてくださっている。頼まれることによって具体的に動くことで視野が広がったのです。情報も集まります。お金には代えられないことです。

先日、友人からこんなメールがきました。

「京都にゆるキャラが集結したらしいけど、調べてくれない？」

私は「面倒だな」と思いながら調べていくうちに、イベント担当者が昔お世話になった恩人だと判明しました。お陰で、「ご無沙汰しております！」とあの時のお礼を言うことができました。

すべてご縁なのですね。

得から損を引くと何になるでしょうか。

それは「0」ではなく、「無条件に生きる」というピュアな気持ちにつながるのです。

すべての人から、すべての出来事から学ばせていただきましょう。

㉖じっくりと考える――自分で悩むことで人生が深くなる

「甘やかす」と解決する力は育たない

私は門司港《もじこう》（北九州市）の寺の娘として生まれました。

父は布教師（仏法を全国に広める僧侶）として活動していたので、お寺に帰ってくるのは年に数回でした。

母は、兄と私を育てながら、教員の仕事をしていました。

夕食は母の作り置きの冷えた食事をすることがほとんどという環境で、寂しさに耐えられなかった兄は非行に走ります。

私も、母から温かい言葉をかけられた記憶がありません。

「たまには優しい言葉をかけてほしい」と訴えたこともあります。すると、

「私はあなたを決して甘やかしません。どうしてかわかる？ それはあなたがどこに行

っても生きていけるようにするためなんだよ」

と、まるで厳しく育てるのがいいことかのような答えが返ってきました。中学生の私にはどうしても理解できませんでした。

そんな厳しい母でも、必ず朝食は作ってくれました。炊き立てのご飯を一番に仏さまへお供えするのは私の役目。今思えば、仏飯《ぶっぱん》（お供え）することをきっかけに仏さまの前に座るということを教えてくれたのです。

私が高校2年生の時、父は脳梗塞《のうこうそく》で倒れ、闘病の末に亡くなりました。西蓮寺の本堂で母と兄と合掌しました。その時、母の目から涙がこぼれたのです。しばらく沈黙が続きました。私はそんな母を見て、少しだけ甘えてみました。

「母さんは教育委員会には顔が利くでしょ。将来、就職の世話くらいはしてね」

そういう私を、母は突き放します。

「なぜお前の就職の心配をしないといけないのか？　そんなもの、自分で探しなさい」

私はなんと冷たい母なのかと悲しくなりました。にらみつける私に母はたたみかけてきます。

「兄ちゃんを産んだ時、川村家に男が生まれたということで、それは大切に育ててきた。でも、それは結果的に、甘やかすことになったんだ。あなたはいずれこの寺を出る人間や。世間で生きていくためにも、あなたを甘やかすわけにはいかない」

私は納得がいかず言い返しました。

「子どもとして親に甘えて何が悪いの？　甘えると甘やかすの違いって何？」

すると母は、

「子どもを甘やかすのは、子どもの機嫌をとるという大人の問題なんだよ。子どもに嫌われたくない、いい親でいたいという親の自信のなさがそうさせているの。大人の目線で子どもをコントロールしているにすぎない……。

もし母さんがお前を甘やかしてしまったら、何でも要求に応えてくれるということに慣れた子どもになってしまう。

するとお前は物やお金、人間を大切にできなくなるのよ。

厳しさを与えることで、人間は我慢したり、工夫したりという気持ちが芽生える。すべての要求に大人が応えていたら、自分で解決する力は育たなくなってしまう。

生きる中でこれからさまざまなことがあるでしょう。どうか逃げることなく、現実、事実から想像し、工夫できる人になってほしい」

と言いました。最後まで抱きしめてくれない母なんだという絶望感もありましたが、母が私の目をしっかり見ながら投げかけてくれた言葉は、厳しさの中に愛情が伝わってきたのです。

謙虚になれば、自分を見失わない

その後、兄は住職の後継者としてのプレッシャーから部屋にこもるようになりました。誰一人、お寺の仕事をしない状況を見て、西蓮寺のご門徒はすべて去っていきます。

そんな中、母は私に言いました。

「現状を見て、よく考えて進路を決めなさい」

それはまるで、私が僧籍《そうせき》を持てと言われたようでした。しかし母は、「こうしなさい」ではなく「考えなさい」と言ったのです。

私は、真宗大谷派が経営する学校に通うことに抵抗があり、仏教にも関係する池坊短期大学で、華道を学びました。そこでは本堂で荘厳《しょうごん》される三具足《みつぐそく》（花瓶《けびょう》・香炉《こうろ》・燭台《しょくだい》）のことも勉強できます。

その時の師匠からこんなことを聞かれました。

「あなたはお寺に生まれながら、なぜ仏教を勉強しないの？」

私はその鋭い言葉に返事ができませんでした。身近に仏教のご縁をいただきながら、一番遠いところに仏教を追いやっているのは私。華道は技術だけではなく、人間の生き方を学びます。それは仏教も同じ、そのことに気づかせていただきました。

それを機に、東本願寺の経営学校である大谷専修学院へ入学しました。

ある日、私は担任の先生に「母はなぜ優しい言葉で甘えさせてくれないのですか？」と投げかけました。

厳しい言葉に「われ」に帰り

甘い言葉に「われ」を忘れる

この言葉を先生は半紙に書いてくださいました。そして、こう言われました。
「人間というのは褒められれば気持ちもいいが、それが続くとうぬぼれるんや。甘い言葉でちやほやされると、本当の自分が何なのかわからなくなる。阿弥陀さまはそのうぬぼれを大地にストンと落としてくれる。
人間には慢《まん》という煩悩がある。その慢を上げることを『傲慢《ごうまん》』という。母さんは、褒められればうぬぼれる慢の心を、上げ下げすることなく、謙虚に生きないといけない、そのことを教えてくれたのではないか？　母さんはお前を直接抱くことはなかったが、お念仏することで、心の中で抱きしめてくれている。安心しろ！」

母が私を産んだのが41歳。その41歳で、私は結婚のご縁をいただき、京都のお寺へ移り住むことになりました。その3年後、母は合掌しながらお浄土に還ります。寒い冬を経験したからこそ、春の喜びが倍になるように、母の厳しさがあったからこそ、人生の深みをいただくことができた。悩みが視野を広げてくれたのです。

現在はありがたいことに、執筆の仕事、講演、ラジオの番組も持たせていただいています。「考えなさい」という母の言葉がこの私を育ててくれたのです。

甘えたくなる時もあるでしょう。

ですが、甘えだけでは人間は育ちません。家族べったりにならずに、その中から独立できる人であってください。

㉗先のことを心配しない――絶好調の時ほど謙虚でいる

人間は先のことばかりが気になる

子どものころ、急いで登校する私に母はよく言ったものです。

「慌てるんじゃない！　足元を見ないとこけるよ」

人間、焦った時、先のことばかりが気になり、肝心な足元が見えていません。ついつい先のことに気をとられてこけてしまうのです。当たり前ですが、顔が走るのではなく、走るのは足なのです。

ある民話からの話です。

旅の人が目的地に向かって歩いています。でも、歩いても歩いても先が見えません。するとと地元のおじいさんが木陰で休憩しているのが見えます。旅の人は尋ねました。

「おじいさん！　○○へ行き着くには、あとどのくらいかかる？」

「今の時点では答えられない」

旅の人は愛想のないおじいさんだとふてくされて歩き出しました。すると、先ほどのおじいさんが走ってきて言ったそうです。

「わかった！　あんたの歩き方を見てなかったので答えられなかったのだが、今日の天気やこの道の状況、あんたの歩く感じを見ると、1時間も歩けば到着するだろう」


つまり、「目的地まであとどれくらい歩けば着くのか？」と聞いても、人にはそれぞれの歩き方があるのです。

また、雨で道が濡れていたら歩きづらいでしょう。

今の自分の力量、その時の状況を見極めないと、先のことはわからないということなのです。

さて、私たちは「どれくらいがんばったら、幸せになれるのか？」と、まず幸せという環境を想像して、それに値する努力をしようとします。

しかし、先のことばかり想像しても、それはあくまでも想像だけなのです。1秒先のことは未知なのです。

上り詰めると不安に襲われる

私のアナウンサー時代のことです。

ある占い師さんの講演会の司会を頼まれました。

司会原稿には「今や頂点に輝く○○先生です。どうぞ！」と紹介する一文が書いてあります。私はそのとおり、彼女をステージで紹介しました。

すると終了後、楽屋に呼ばれ、言われました。

「今日、私を紹介するのに『頂点に輝く』と言ったわね。やめてちょうだい。まるで後は落ちていくと想像させてしまうから」

彼女は上り詰めても、いつか落ちることがあることを予測されていたのですね。

「有頂天《うちょうてん》」という言葉があります。頂点に上り詰め、得意顔になることです。

「天」とは「神」の世界のことです。「神」はすべて思いどおりにできるのです。

すべて思いどおりに事が運ぶと上から目線になり、自分が「神」になった支配感覚になります。

他人を自分に従わせることができると錯覚し、優越感に包まれるのです。そして従わない者を徹底的に放逐《ほうちく》し、得意絶頂となる。

そんな人は強くて恐れ知らずに見えますが、そうではありません。

逆に恐れているのです。「力」を失うことが怖いのです。

ですから、上り詰めた状態の時に、人が頭を下げるのに対して強い態度を見せる。存在感をアピールしたいのでしょう。でも、これは不安の裏返しです。「天」に住む者の「苦しみ」は「天」から落ちることです。また、他人も信用していません。

占い師さんは、マネージャーさんも信用できないと、講演台には貸し金庫の鍵を入れた自分のバッグを置いていました。

これでは人生は楽しめないですね。

人間は絶好調の時こそ、謙虚でありたいものです。

㉘自分の現在地を確かめる――大切なのは「足元」

「六道《りくどう》」から人間の心をのぞこう

前項の続きですが、「天にも上る心地がする」というのは、幸せの絶頂を表現しています。

しかし、仏教では迷いの始まりとも教えてくれます。

そこで、「六道」から人間の心の状態を見ていきましょう。「六道」とは、六種類の迷いがある世界のことです。

①地獄《じごく》＝誰とも会話のない孤独な苦しみの状態
②餓鬼《がき》＝欲しい欲しいという状態
③畜生《ちくしょう》＝本能に支配された状態

④修羅《しゅら》＝怒りの中にいる状態
⑤人《にん》＝感情に支配された状態
⑥天《てん》＝有頂天の世界

私たちは、先のことばかりに気をとられ、焦っている状態なのです。

「いつ出世できるのか」

「あれはいつ手に入るのか」

欲しい欲しいと先のものをつかもうとする欲望の世界にしか目がいかないのです。そういった人間の煩悩を六道の言葉が教えてくれるのです。

しかし、人間の欲望は決して満たされることはありません。

仏さまは六道の世界に執着せず、迷いを超えて、しっかり現実を見て生きていけよと教えてくださるのです。

大地に根を張って生きる

親鸞聖人はおっしゃいました。

心《しん》を弘誓《ぐぜい》の仏地《ぶつじ》に樹《た》て

『教行信証』「化身土文類《けしんどもんるい》」

あなたは今電車に乗るために切符を買おうとしています。切符を買うことができるのは、今自分が何駅にいるかがわかっているからです。

人生も同じです。自分が今どこにいるのか、それがわからないと、どこに向かって歩くのかもわかりません。

あなたは今、自分の現在地を本当に知っているでしょうか。

ただ、世間の風潮に流されてしまい、どう生きたらいいのかわからなくなっていませんか？

不安にならないようにと、「物」「人」「金」「運」などをよりどころにして生きてはいないでしょうか。

しかし、それらはすべて不確かなものを当てにして生きているにすぎないのですよ。

ただ先のことばかりに目を向けて生きる人のことを「根無し草」といいます。世間の風に流され、今自分がどこにいるかを見失っている人です。

親鸞聖人は、それは「現実を見ることなく理想をかかげる虚しい人生だよ」と教えてくださるのです。

親鸞聖人の教えを広めてくださったお一人に安田理深師がいます。安田先生は、

仏道というのは向上の道ではない。向下の道だ

とおっしゃいました。

向上の道は努力して成長するということです。また、理想を求めて上り詰めようとします。

ですがそれは、努力した人、運のある人、力のある人のみが生き残る世界をつくってしまうのです。

本当の大物は、下山する人だと教えてくださるのです。山を下りる時は足元を見ますよね。一つ一つ大地を踏みしめて下ります。登る時は先のことしか考えていません。そして「足元を見る」とは、支えてくれる大地があることを確認するということです。

先のことしか見ることができない時は気持ちが浮つき、自分一人で上り詰めている錯覚さえします。

目を下に向けられた時、人間は謙虚にもなり、多くの方に支えてもらっていることを知るのです。

大切なのは「足元」です。

大地にしっかり根を張って生きていますか?

そびえ立つ木には存在感があります。

その木がしっかりしているのは支えの「根」ががっしりと張っているからです。木は雨も鳥の糞《ふん》も避けられません。

私はどんなことがあっても「ここで生きる」という宣言をしているからこそ、力強く生きることができるのです。

何をしても焦るばかりでうまくいかないという時は、足元をもう一度見ましょう。急ぐ時ほど気持ちが焦って先ばかり見てしまいます。その時こそしっかり足元を見ないと、こけてしまいますよ。

「あなたはどこに立って、いかに生きているか？」と親鸞聖人は私たちに呼びかけておられます。

㉙嫌なことを生きる力に変える——心のリセット術を知る

ストレスだらけの生活

皆さんにとってストレスとは何でしょうか？

「嫌いな上司、同僚に会わなくてはいけない」

「また妻（夫）の愚痴を聞かされる」

「関わっている仕事が嫌だ」

「将来のことを考えただけで怖い」

「子育て、親の介護がストレスだ」

などなど、ストレスの内容は一人一人違いますね。

私にもたくさんのストレスがあります（笑）。

アナウンサーの研修後、はじめていただいた仕事が、キャラクターショーの司会でした。対象はもちろん子ども。自分も子どもの目線になり楽しくお話をしなければなりません。これまでにない経験にひどくストレスを覚えました。

また、やっとラジオの仕事をいただいた時もストレスを感じました。メインキャスターさんが怖くてＣＭの間、怒られてばかりでした。

おまけにディレクターさんからもプレッシャーをかけられます。

「今度、間違ったら、ほかのタレントさんと代わってもらうよ」

そのおどかしに、仕事に行くのが怖くてたまりませんでした。

そして、実母と向き合うのもストレスでした。

はっきりものを言う母は、お土産を買ってきても「美味しくない」、旅行に連れていってても「面白くない」のきつい言葉の一点張りです。母を喜ばそうと私がいろんな計画を立てても、喜んでくれることもなく、どうしてこうも気を使わない言葉を発するのか？　と、いつも心が落ち込んでいました。

ある日、俳優さんへのインタビューの仕事をいただきました。

それは腰の低い、物腰の柔らかい方でした。私はインタビューを終えて、そっと尋ねてみたのです。

「どうしてあなたはそんなに腰が低く、私たちにも優しいのですか？」

と聞いてみたのです。

「きっと、たくさん嫌なことを経験したからです」

その方は鳴かず飛ばずの売れない時代があったそうです。共演する俳優さんや、スタッフにキツく当たられることもありました。

ある撮影の日、スタッフから皆の前で大声で怒鳴られたことがあった。その時、頭を下げながら、相手の足元を見て学んでいたそうです。

「こういう怒り方では場の空気が悪くなるな。キツい言葉は一生、その人の心に残るのにな」

さらにその方はおっしゃいます。

「嫌なことがあれば、僕の場合、思い切ってランニングして発散しているのですよ」

私はその話を聞いて、自分にとっての嫌なストレスは上手に切り替えていけばいいのだということを学びました。

人間万事塞翁《さいおう》が馬《うま》

それは「人間万事塞翁が馬」の考えをいただくということです。

中国の古い書物『淮南子《えなんじ》』に書かれています。「塞翁」は、城塞《じょうさい》に住んでいる「翁《おきな》＝老人」のことです。

中国の北のほうに老人が住んでいました。ある時、その老人の馬が北の胡《こ》の国の方角に逃げていきました。

この辺の馬はいい馬が多く高く売れるので、近所の人々は気の毒がって老人をなぐさめにいったそうです。

ところが老人は残念がっている様子もなく言うのです。

「このことが幸福にならないとも限らないよ」

そしてしばらく経ったある日、逃げ出した馬が帰ってきました。びっくりした近所の人たちがお祝いを言いにいくと、また老人は言います。

「このことが災いにならないとも限らないよ」

しばらくすると、老人の息子がその馬から落ちて足の骨を折ってしまいました。近所の人がお見舞いにいくと、今度は、老人はこう話します。

「このことが幸福にならないとも限らないよ」

1年が経ったころ、胡の異民族たちが城塞を襲撃してきました。城塞近くの若者はすべて戦いに行きます。なんとか胡人の攻撃から守ることができましたが、その多くはその戦争で死んでしまいました。しかし、老人の息子は足を負傷していたので、戦いに行かずにすみ、無事でした。

先日もある青年から悩み相談のメールをいただきました。

「バイク事故で下半身を切断することになりました」

入院中は死ぬことしか考えていなくて、ネットで自殺の方法を検索していたそうです。たまたま私のブログ「日替わり法話」を読んで、メールをくださいました。私はこの入院から何かを学んでほしいと思い、毎日返信しました。

すると、彼はもともとコンピューターが大好きだったこともあり、入院中に手当たり次第にコンピューターの本を読み始めました。

そして日々、リハビリに励みました。

そんな入院生活の中で彼は、障がいを抱えながらも一人前の仕事をするにはどうしたらいいのか？　はじめてその視点に立つことができたのです。

彼は退院後、ＩＴ関連の企業に就職し、今では市の協力を得て、会社を起業して障がいを持つ方たちと働いています。

自分にとって嫌な出来事に対して、まったく反対のことを考えるということが究極のリセット法なのだと感じたのです。

今ある出来事は悪いと思っても、それがどう福をもたらすかわからない。自分にとって最高の出来事もそれが苦しみに変わることもあるでしょう。

人は誰でも避けられない出来事に突き当たり、そのことによって悩み苦しむものです。「どうしてこんな不幸な目に遭うんだろう」「なぜ私だけがこんなことになってしまうんだろう」と。

その嫌なこと、苦しいことをいつまでも恨んでいてもなんの解決にもなりません。目の前の出来事から何を学ぶかということが肝心なのです。

㉚ストレスを生きるエネルギーにする――チャンスはそこにある！

「僧侶は男の世界や！　女に何ができる」

私は心が落ち込んだ時、樹木から学ばせていただいています。親鸞聖人も人生の岐路《きろ》を「樹」で教えてくれます。自分の力で「立つ」のではなく「樹《た》つ」ということです。

私は10代のころ、造園業のアルバイトをしていました。その時、棟梁《とうりょう》から教えていただいたことがあるのです。

樹木にとってのストレスは「雪」だそうです。この雪さえなければ枝が折れたりしません。しかし、雪で適度に折られるから台風がきた時、根こそぎ折られることもないそうです。また、この寒さがあるからじっと土の中から養分をもらい、春には花を咲かせることができるんだとか。

私たちは、ストレスや障害があるから、生きるエネルギーをいただけているのかもしれません。

高校生の時、実母に、

「アナウンサーになりたい」

と言いました。すると母は、

「田舎者のお前がなれるわけがない」

と言います。その時、私は強く反発しました。「何がなんでもおしゃべりの仕事について やろう」と決意はさらに強くなりました。


仏教を学び、僧侶にならせていただいた時、母に言いました。

「いつか父のように法話ができたらいいと思う」

「僧侶は男の世界や！　女に何ができる」

またもや否定されたのです。

しかし、不思議ですが、その言葉から逆に反発心というバネをいただき、いろんな先生のお話を拝聴《はいちょう》する機会に恵まれました。

お蔭さまで、今は講演のお声がけもいただいています。アナウンサーの話す基本と自分の体験と仏教の教えが照らし合わされ、こうして生かされるとは思いもしませんでした。

考える前に動く

さて、私が移り住んだ京都のお寺の近くには、なじみのあるラジオの放送局がありました。ここでいつかラジオ番組の仕事をしたいなと思っていました。しかし、スポンサーがないと番組を作ることはできません。

思い切って自ら営業に行くことにしたのです。そのことを夫に言うと、

「決まるわけないだろ！」

と相手にされませんでした。

でも、逆にエールの言葉だと受け止め、三重県まで営業に行きました。

何度かチャレンジして、ついに「ぜひ妙慶さんのラジオのスポンサーになりたい。こ

んな時代だからこそ、生きることの大切さを伝えてほしい」というお言葉をいただきました。

その喜びを夫に報告すると、「どうせ3ヵ月も保《も》たないだろう」と言われてしまいました（苦笑）。

ストレスを与えられたということは、「あなたに今、何ができる？　どう生かす？」というチャンスを与えられたということなんですね。

㉛南無阿弥陀仏を称《とな》える——念ずることで「今」の私の「心」と向き合う

幸せを「外」と「内」に求めない

外国人から見た日本人は「皆の宗」だそうです。

年末になればクリスマス。お正月になれば「今年こそ良いことがありますように」と、神社でお願い事をする。節分になれば「鬼は外、福は内」と怖いものを追い払う。そして2月14日はバレンタインデー。彼岸《ひがん》がくれば仏教徒となり墓参り。

あまり深い意味はなく、宗教行事が一つのイベントになっているようです。

しかし、人間の心理に共通するのは、祈ることで「何かいいことが舞い込んでこないか？」という期待感があるということです。

たとえば、節分はいつの間にか〝恵方《えほう》巻き〟というのが習慣になりました。やはり皆と同じ方角を向いて何かをすることで、いいことがありますようにという期待感です。バレンタインデーでもそうですね。皆がチョコを渡しているので、私もしないと置いてきぼりになりそうと不安になる。

お彼岸《ひがん》は？　お墓にお参りすることで、お供えを奮発し、ご先祖さまに幸せになれるようにと期待する。

やはり「外」からくる力に期待するという心があるということです。

私たちは、「幸せ」を求めるのも「外」か「内」に分けてしまうところがあります。「外」に幸せを求めるとは、こんなことです。

「会社の人間関係が良ければ仕事も楽しいのに」

「誰かがいい人を紹介してくれたら結婚できるのに」

「子どもが親孝行してくれたら老後は安泰《あんたい》だし」

「景気さえよければ安心して暮らせるのに」

ほかにも、「あの人が優しければ私は幸せなのに！」と悔やむこともあります。

しかし、その人がすべての人に優しくすると、あなたはどんな気分でしょう？　たぶん嫉妬するでしょう。「私だけに優しくしてほしい」というのは自分の都合なのです。

どれほど外に求めても、幸せにはなれません。なぜなら外の環境は変わりませんし、自分の力でコントロールすることはできません。

よく「昔はよかった」とおっしゃる方がいます。しかし今と昔は違います。また、昔がすべてよかったわけではありません。戦争もしてきました。差別もありました。時代ごとの良し悪しがあるのです。

では、どうすればいいのか。

大切なことは、今の環境をどう生かして生きていくかです。

もう一つは、幸福を「内」に求めないこと。

外に求める幸福が当てにならないとなると、今度は「内」に何かを求めるしかありません。

しかし、修行して精神を鍛えれば幸せになれる、ということではありません。

いくら心を磨いて「内」が変わることを求めても、真の幸せにはたどり着けないのです。

教えに出遇うことで幸せになれる

では、どうしたら幸せになれるのでしょうか。

それは「教えに出遇う」ということです。

その教えとは何でしょうか？

「幸せを求めなければ幸せになれる」という教えです（笑）。

つまり、幸せになりたいと執着すればするほど、幸せという概念から離れられなくなるのです。

たとえば「いい睡眠を取らないと健康になれない」と思うとします。寝なければという思いがかえって寝られなくしてしまうのです。

「こうならなければ」という執着から離れることを教えてくれるのが仏教です。

さらに、「これをしたら幸せになれる」という心があります。何かの見返りがあることを期待し、一生懸命に求めるのです。

しかし、求めることと、返ってくることとは異質なのです。

求めたぶん、祈ったぶん、何かがあるというのは、単なる私たちの損得勘定です。そんな気持ちでは幸せはいただけません。

「幸福」とか「不幸」という形にとらわれている以上、私たちは幸せという概念だけを思いめぐらせていくことしかできません。

親鸞聖人は、「何があっても生きていけるよりどころをいただかないと、一生、迷い続ける」とおっしゃいました。

求めれば求めるほど幸せは遠のくのです。

日々、生きる中で、幸、不幸はいつも入れ替わっています。外面的な幸、不幸と、内面的な幸、不幸も毎日違っています。

今、いただいたことを大切にする

数年前、師から教えていただいた詩があります。それはニューヨーク州立大学病院の壁に書かれたものです。

苦難にある患者の詩

大事を成そうとして、
力を与えてほしいと神に求めたのに、
慎み深く、従順であるようにと
弱さを授かった。

より偉大なことができるように
健康を求めたのに

よりよきことができるようにと
病弱を与えられた。

幸せになろうとして
富を求めたのに、
賢明であるようにと
貧困を授かった。

世の人々の賞賛を得ようとして、
権力を求めたのに、
神の前にひざまずくようにと
弱さを授かった。

人生を享楽《きょうらく》しようと
あらゆるものを求めたのに、

あらゆることを喜べるように
命を授かった。

求めたものは一つとして
与えられなかったが、
願いはすべて聞き届けられた。

神の意にそわぬ者であるにもかかわらず、
心の中の言い表せない祈りは
すべてかなえられた。

私はあらゆる人の中で
最も豊かに祝福されたのだ。

（作者・訳者不明）

私たちはなぜ欲しがるのでしょうか。

ここまでお話ししてきましたが、それは、自分の心が満たされないからです。心が満たされないから次から次へと求めてしまうのです。ではどうしたらいいでしょうか。

「これでよし。十分にいただいた」と言い切れたら、欲望は薄らいでいきます。必要なものはすべていただいたと言い切れる生き方はスッキリします。

また、人間は生きる中で日々「体験」をしています。

それはうれしいことだけではない、苦しいことや悔しいこともあります。いいことがありますようにと求めたことが、都合よく返ってくるのではありません。むしろ、それは異質なのです。

大切なのは、今、いただいた「事」を「大切」にできるのかということです。それを「大事」といいます。どうか、どんなことも受け入れて、生かしていける心をいただきましょう。

どんな時も恐れることなく、喜んで生きていける道をいただきましょう。それが親鸞聖人のお伝えくださった「南無阿弥陀仏」のお念仏なのです。あなたは必ず「ここで生きていける」からと。

どんな時も「今」の私の「心」と向き合う勇気を持ってください。それが念仏です。

新装版あとがき

新型コロナウイルスの感染拡大から、私たちの日常は一変し、これまで気にも留めなかった生活の一つひとつが制限されるようになりました。マスクの着用は人の表情をわかりにくくし、またリモートワークの導入によって利便性が認められる一方で、他者と直に顔を合わせる機会を無くしてしまいました。失業率の急増や自殺者の増加など、生きていくことの「不安」や「ストレス」が巻き起こっています。さらにはロシアのウクライナ侵攻によって戦争の恐怖が目の当たりとして襲ってきました。これから何をたよりに生きたらいいのか？　誰もが不安の中を生きています。

ある方のお言葉です。

昔は何もなかったが、何かがあった。
今は何でもあるが、何かが足りない。

私の元には、「家も車も物も肩書きもあるのですけど、心は隙間だらけです」というメールをいただきます。たくさんのものに恵まれているのだけど、何か心に大きな穴が空いているという叫びを投げかけてくださいます。

さて、私たちは自分の欲望を満たすことが幸せだと思い、反対に満足できないのは不幸だと思っていないでしょうか。とはいっても、誰でも自分の思い通りにしたいですよね。しかし、思い通りになったからといって、それがずっと続くとはかぎりません。お金や財産があって、伴侶や子どもに恵まれて、人から評価されて、美味しいものが腹いっぱい食べられても、それは永遠に続く幸せではありません。

本願力にあいぬれば　むなしくすぐるひとぞなき
『高僧和讃』

親鸞聖人は、「阿弥陀さまのはたらきによって、おもいがけない出遇いをいただくと、人生をむなしく過ごす人はいない」とおっしゃっておられます。阿弥陀さまに出遇ったからといって苦しみが解消できるわけではありません。しかし、私たちが苦しいとも思ったことが「空《むな》しいものではなくなる」と、親鸞聖人は私たちに希望を与えてくださったのです。

私たちは、生まれた場所、親、環境を選んで生まれてくることはできませんでした。その中で、自分に対するコンプレックスを抱えてもきたでしょう。そのために、さまざまな物を手にいれ、心の穴を埋めようとがんばってこられたのではないでしょうか。

親鸞聖人は、「悩み方を間違っていますよ」と教えてくれるのです。

人間には取ろうと思っても取れない煩悩があります。その煩悩を持つかぎり苦しむのです。あなたが今、苦しんでいることを正しく受け止めることで、「人生が空しいものにならない」と教えてくれるのです。

私もコロナ禍から生活が一変しました。両親の介護という現実が襲いかかってきたのです。そうなると大好きな映画も行けない、ゆっくり買い物もできない、お酒を飲みにいけない（苦笑）、仕事もお断わりする日々です。その時、本堂で静かにお念仏を称えながら、ふと「楽しいことを手に入れるのではなく、手放したところに新たなことが入ってきたのだ。今、そのことをご縁に楽しめばいい」と感じられるようになりました。

介護をすることで、両親との会話が増えました。わからないことを介護のプロや経験者、料理の得意な友人に連絡することで、交友関係に幅ができました。介護が筋力トレーニングにつながったことで身体が引き締まりました。何だか一日が楽しくなったのです。「あれもやりたい、これもやりたい」を一度手放すことで、新たな風が入り込んできたのです。

そんなとき、「『持たない暮らしのすすめ』をもう一度復活したいのです」と、中央公論新社の渡辺千裕さんから連絡をいただいたのです。２０１６年に出版した思い入れのある本が、タイトルと装いを変えて再び世にでるとは誰が想像したでしょうか。不思議なご縁です。

「この本がどんな方に届けられるか」とワクワクしながら原稿を整理しました。
これからの人生、求めないことで心が軽くなります。あなたの執着を手放すことで、本当の幸せが舞い込んでくることを念じております。

僧侶　川村妙慶

本書は、二〇一六年六月に刊行された『持たない暮らしのすすめ』（海竜社）を改題・あとがきを増補のうえ再刊したものです。

装幀　山影麻奈

川村妙慶

真宗大谷派僧侶、番組パーソナリティ。1964年、福岡県北九州市真宗大谷派・西蓮寺の長女として生まれる。池坊短期大学卒業後、大谷専修学院で仏教を学ぶ。現在は京都に居住し、生活に根づいた法話を続ける。ブログ『川村妙慶の日替わり法話』を約20年間更新中。NHK文化センター、中日文化センター『心が楽になる講座』で講師を務める。ラジオ番組『川村妙慶の心が笑顔になるラジオ』（KBS京都）が放送中。テレビ番組『テレビ寺子屋』（フジテレビ系列）レギュラー。京都新聞『暖流』、産経新聞『あすへのヒント』連載中。『人生後半こう生きなはれ』（講談社）『泥の中から咲く』（NHK出版）『人生が変わる親鸞の言葉』（講談社）『愛し愛されて生きるための法話』（法蔵館）など著書多数。
ホームページ　http://myoukei.life.coocan.jp/

求《もと》めない幸《しあわ》せ
——１ヵ月《げつ》で人生《じんせい》を変《か》える31の教《おし》え

2023年３月25日　初版発行

著　者　川《かわ》村《むら》妙《みょう》慶《けい》
発行者　安部順一
発行所　中央公論新社
〒100-8152　東京都千代田区大手町1-7-1
電話　販売 03-5299-1730　編集 03-5299-1740
URL https://www.chuko.co.jp/

ＤＴＰ　平面惑星
印　刷　大日本印刷
製　本　小泉製本

Published by CHUOKORON-SHINSHA, INC.
Printed in Japan　ISBN978-4-12-005642-0 C0095